JOACHIM ERFKAMP

# Orchideen

GESTALTEN | PFLANZEN | PFLEGEN

**KOSMOS**

# INHALT

**IN 3 SCHRITTEN ZUR ORCHIDEENPRACHT**

### 1. SCHRITT
*alles im Überblick*

Am Anfang des Kapitels finden Sie das Wichtigste auf einen Blick. Seitenverweise führen Sie gezielt zu den ausführlichen Informationen.

### 2. SCHRITT
*alles Wissenswerte*

Abgeschlossene Doppelseiten bieten weiterführende Informationen zu den Themen. Entweder lesen Sie von hier aus weiter oder Sie gehen zurück zum Überblick, um das nächste Thema auszuwählen.

### 3. SCHRITT
*alle Extras*

Das könnte Sie auch noch interessieren, denn hier finden Sie Themen, die über das Wesentliche hinausgehen. Diese Seiten sind kein Muss, machen aber neugierig und Lust auf mehr.

## INSPIRATION

### *alles im Überblick*
6   Wohnen mit Orchideen

### *alles Wissenswerte*
8   Ein Zuhause für Orchideen
10  Hängende Orchideen: Kaskaden von Blüten
14  Exotisch und leicht zu pflegen: Vitrinen & Co.
16  Grüne Oasen für Orchideen: Wintergärten

### *alle Extras*
12  Zauber und Vielfalt der Orchideenblüten
18  Robinie, Rebholz und Kork – Orchideen aufbinden

**SCANNEN & ERLEBEN**

QR-Codes im Buch scannen: Der schnelle Zugang zu weiteren Infos und Filmen rund um Ihre Pflanzen. Mit diesem Code oder unter www.m.kosmos.de/13455/t1 gelangen Sie zur Übersicht der QR-Codes. Wir empfehlen Ihnen, Filme mit einer WLAN-Verbindung herunterzuladen, um lange Ladezeiten zu vermeiden.

## PRAXIS

### alles im Überblick
22  Orchideen 1x1

### alles Wissenswerte
24  Gute Qualität einkaufen
26  Das richtige Licht für Orchideen
28  Ideales Klima
30  Gute Pflanzstoffe
34  Effektiv Düngen und Gießen
36  Sympodial topfen
38  Topfen monopodial
42  Kulturbedingungen
44  Schädlinge: Thripse, Schnecken & Co.
46  Kranken Orchideen helfen

### alle Extras
32  Große Auswahl
40  Orchideen einfach selbst vermehren
48  Terrarium bauen  FÜR KIDS

## PORTRÄTS

### alles im Überblick
52  Blütenreichtum

### alles Wissenswerte
54  Phalaenopsis – Schmetterlings-Orchideen
58  Farbenfrohe Cambria
62  Miltoniopsis – Stiefmütterchen-Orchideen
68  Cymbidium – Fernöstliche Schönheiten
70  Duft- und Blühwunder – Cattleya
72  Artenreiche Dendrobium
74  Paphiopedilum – Frauenschuh-Orchideen

### alle Extras
66  Fachbegriffe und bizarre Blüten

SERVICE
76  Nützliche Adressen
78  Register

# INSPIRATION | *alles im Überblick*

# WOHNEN MIT ORCHIDEEN

**S. 8**

## *Paradiesisches Zuhause*

Ob auf der Fensterbank in dekorativen Töpfen oder im gemütlichen Wintergarten: Die fantasievolle Gestaltung für ein Orchideenparadies ist ganz einfach umzusetzen. Lassen Sie sich inspirieren!

**S. 10**

## *Hängende Orchideen*

Kultivieren Sie Ihre Orchideen hängend in **Ampeln** und Körben im Blumenfenster. Verwenden Sie **Bambuskörbchen** oder schöne Umtöpfe zur Präsentation. Der **Pflanzenfreund** wird mit herrlichen Kaskaden von Blüten belohnt.

**S. 12**

## *Vielfalt*

Von den interessant geformten Orchideenblüten geht eine unglaubliche Faszination aus.

## Vitrinen und Gewächshäuser

Kleinbleibende **Miniaturorchideen** kommen in Vitrinen besonders gut zur Geltung. Der Form, Farbe und **Gestaltung** sind hierbei keine Grenzen gesetzt. Im temperierten **Gewächshaus** lassen sich auch ungewöhnlichere Arten und eine größere Sammlung unterbringen.

## Grüne Oasen

**Ein Wintergarten** bietet Menschen und Pflanzen einen Ort zum Relaxen und Wohlfühlen. Hier gewährt das größere Platzangebot auch vielen Pflanzideen Raum zur Entfaltung. Versuchen Sie sich doch mal an einer naturnahen Astkonstruktion mit Epiphyten oder einer vielseitigen Schalenbepflanzung mit üppigen Schaupflanzen wie *Bulbophyllum* oder Oncidien!

## Orchideen als Blockkultur

**Schaffen Sie natürliche Bedingungen** für Ihre Orchideen, indem Sie epiphytisch wachsende Orchideen auf Korkrinde oder Rebholz binden. Das sieht spektakulär aus und ist eine naturnahe Zwischenlösung.

# INSPIRATION | *alles Wissenswerte*

# *Ein Zuhause* FÜR ORCHIDEEN

**IN DER ANFANGSZEIT UND WÄHREND** des ersten Orchideenfiebers im 19. Jahrhundert waren die Orchideen nur den Besitzern von Gewächshäusern vorbehalten. Es waren zunächst in erster Linie die Adligen, die sich mit Orchideen als Symbol ihres Standes und ihres Reichtums schmückten. Später übernahm auch der sogenannte Geldadel diese Angewohnheit. Mit der Einführung der Zentralheizung wurde es möglich, für Orchideen eine gleichmäßigere Temperatur in den Wohnräumen zu erzeugen. Die Züchter reagierten mit der Schaffung von attraktiven neuen Kreuzungen, die noch besser an die Zimmerkultur angepasst waren.

**Nicht nur am Fenster** Auf einer hell stehenden Anrichte wirken schön arrangierte Orchideen fantastisch.

**Ungewöhnliche Gefäße** Der Kreativität sind bei der Wahl von Pflanzgefäßen kaum Grenzen gesetzt.

Ein weiterer Schritt war und ist die Vermehrung durch Meristem-Kulturen, mit der sich große Stückzahlen erzeugen lassen. Diese dadurch auch für jeden Pflanzenfreund erschwinglichen Orchideen gedeihen in einem Klima, das auch für Menschen angenehm ist: Temperaturen um 20 °C, Luftfeuchtigkeit von 60 bis 70 % und reichlich Frischluft. Im Frühjahr, Sommer und Herbst macht es im Allgemeinen keinerlei Schwierigkeiten, diese Bedingungen einzuhalten. Im Winter dagegen kann es wegen der etwas trockeneren Heizungsluft leicht zu einer zu niedrigen Luftfeuchtigkeit kommen.

## Ein optimaler Platz

Die Fensterbankkultur bereitet heute im Grunde keine Schwierigkeiten mehr, wenn man die Zusammenstellung der Pflanzen auf die Bedingungen des jeweiligen Fensters abstimmt. Man sollte darauf achten, in welche Richtung das Fenster zeigt. Ost- und Westfenster sind für die meisten Orchideen geradezu ideal. Ein Südfenster muss im Sommer um die Mittagszeit schattiert werden, sobald die Sonne hineinscheint. Man kann aber auch mit Pflanzen schattieren, die Sonne vertragen. Überhaupt wirken Orchideen am besten eingerahmt von passenden, sorgfältig ausgewählten Begleitpflanzen. Farne und Zyperngras erhöhen effektiv die Luftfeuchtigkeit durch Verdunstung. *Rhipsalis*-Kakteen, Tillandsien und Bromelien wachsen beispielsweise auch in der Natur mit Orchideen zusammen.

**GRUNDAUSSTATTUNG** Welche praktischen Geräte die Pflege von Orchideen ausgesprochen erleichtern, bekommen Sie hier gezeigt. Auch unter www.m.kosmos.de/13455/tb2

**Ein Orchideenfenster** Es bietet Platz für die unterschiedlichsten Pflanzen. Um zusätzlichen Raum zu gewinnen, kann man *Phalaenopsis*-Hybriden auch hängend kultivieren.

## Gute Startbedingungen

Die Fensterbank ist bald vollgestellt, wenn die Begeisterung für Orchideen nach immer weiteren Pflanzen verlangt, man bei jedem Besuch einer Gärtnerei oder eines Blumengeschäfts eine neue, interessante Pflanze entdeckt und man angefangen hat, eine eigene Sammlung aufzubauen. Eine Verbreiterung der Fensterbank und die Ausrüstung mit einer Pflanzenschale schaffen schnell Abhilfe. Damit die Pflanzen auch im Winter ausreichend Licht bekommen, kann eine einfache Neonröhren-Beleuchtung installiert werden. Doch auch mit geringerem Aufwand lassen sich die Kulturbedingungen positiv beeinflussen. Mit preisgünstigen Fensterbankschalen, die Sie im Fachhandel erwerben können, oder mit Balkonkästen, die auch gleichzeitig die Kunststofftöpfe verdecken, lässt sich wirkungsvoll die Luftfeuchtigkeit erhöhen, zumal sie sich leicht säubern lassen. Das überschüssige Gießwasser, das unten aus den Töpfen herausläuft, kann in ihnen verdunsten. Das verdunstete Wasser steigt auf und erhöht die Luftfeuchtigkeit um die Pflanzen herum. Zur Vergrößerung der Verdunstungsfläche kann man Blähton oder Kies in diesen Schalen verwenden. Heizmatten sorgen für „warme Füße" und eine bessere Verdunstung. ■

# INSPIRATION   *alles Wissenswerte*

# *Hängende Orchideen*
## KASKADEN VON BLÜTEN

**UM ZUSÄTZLICHEN RAUM** für Orchideen am Blumenfenster zu schaffen, kann man einige Arten auch hängend in Ampeln kultivieren. Dazu eignen sich besonders Pflanzen mit langen, überhängenden Rispen. Vorsicht ist bei dunklen Plastiktöpfen geboten. Wenn sie zu stark von Sonnenlicht beschienen werden, entwickeln sich in ihrem Inneren schnell hohe Temperaturen, die den Wurzeln schaden können. Außerdem verdunsten bei Plastiktöpfen die Weichmacher schneller und sie neigen dazu, spröde zu werden. Ampelpflanzen sollten daher immer in helle Umtöpfe gesetzt werden. Viele *Phalaenopsis*-Naturformen haben beispielsweise hängende Rispen. Dies gilt besonders für *Phalaenopsis stuartiana* und *Phalaenopsis schilleriana*. Eine Ampelkultur erzeugt bei ihnen eine schönere Präsentation der Blüten.

## *Ampeln und Körbe*

Einige *Phalaenopsis*-Arten neigen zur Bildung von Kindeln an den Blütenstielen. Bei guter Kultur blühen diese gleichzeitig mit der Elternpflanze, manchmal bilden auch die Kindel wieder Kindel, sodass eine Kaskade von Pflanzen und Blüten entsteht. Hierzu gehören die *Phalaenopsis*-Arten aus der *Phalaenopsis-mariae*-Gruppe. Diese Orchideen sehen als Ampel-

**Im Fenster** Hier sehen die *Vanda*-Hybriden 'Blue Magic' und 'Sawita Delight' in ihren hängenden Bambuskörbchen mit den langen Luftwurzeln sehr exotisch aus.

**Tolle Ampelpflanze** *Phalaenopsis schilleriana* bildet viele verzweigte Blütenrispen in einer Ampel.

**Naturnahe Kultur** *Dendrobium aphyllum* kann seitlich in einem Loch am Topf kultiviert werden.

pflanzen besonders spektakulär aus. Arten wie *Stanhopea* oder *Gongora* entwickeln hängende Blütenrispen. Für sie ist die Pflege im Latten- bzw. Bambuskörbchen besser geeignet. Andere Pflanzen wie *Bulbophyllum* und *Cirrhopetalum* wachsen mit relativ großen Abständen zwischen den „Bulben". Am Naturstandort überwuchern sie gern den gesamten Ast. Diese Pflanzen profitieren sehr gut von einer Kultur im Korb. Allerdings ist zu beachten, dass sich in ihnen die Feuchtigkeit nicht so lange hält und dass man sie öfter gießen bzw. sprühen muss.

**BASTELANLEITUNG** Wie Sie Bambuskörbchen für hängende Orchideen ganz einfach selber basteln können, erfahren Sie hier oder unter www.m.kosmos.de/13455/tb3

## Spektakuläre Blütenrispen

Hängend kultivierte Orchideen, ob nun in Ampeln oder in Körben, benötigen zwar deutlich mehr Pflege, aber der Aufwand wird in jedem Fall durch die spektakulären Blüten belohnt. Auch einige Arten und Hybriden aus den Gattungen *Dendrobium* und *Epidendrum* wachsen an Ästen nach unten hängend. Für eine entsprechende naturnahe Kultur kann man für diese Pflanzen einen herkömmlichen Topf mit einem großen Loch versehen. Die Pflanzen werden dann seitlich eingesetzt und können so hängend kultiviert werden, ohne dass die Bulben über den Topfrand geknickt werden. Auf diese Weise kann man trotzdem die handelsüblichen Aufhänger verwenden und die Pflanzen von oben gießen.

# INSPIRATION    | *alle Extras*

## ZAUBER UND VIELFALT DER *Orchideenblüten*

**DIE NÄCHSTEN VERWANDTEN DER ORCHIDEEN** sind die Lilien. Die Orchideenblüte hat, wie die der Lilien, drei äußere Blütenblätter (Sepalen genannt) und drei innere (als Petalen bezeichnet). Eines davon unterscheidet sich von den anderen Petalen, die sogenannte Lippe. Sie bietet einen Landeplatz für bestäubende Insekten und Vögel. Narbe, Griffel und Staubblätter sind bei den Orchideen zu einem besonderen Organ verwachsen, der Säule. An der Spitze der Säule sitzen unter einer Kappe die zu „Pollinien" verklebten Pollen. Die Narbe liegt unterhalb davon. Orchideen unterscheiden sich in ihrem Wuchs von vielen anderen Pflanzen. Anhand der Wuchsform kann man die Orchideen in zwei Gruppen unterteilen. Einige Orchideen wachsen aus einem mehr oder weniger kurzen Stamm heraus immer weiter nach oben. *Phalaenopsis* und *Vanda* sind zwei bekannte Beispiele für diese als monopodial bezeichnete Wuchsform. Diese Pflanzen entwickeln ihre Wurzeln überwiegend an der Basis ihres Stammes. Die Blätter stehen zu beiden Sei-

**Echte Schönheit** Die Blüten der *Bulbophyllum dearei* sind zweiseitig symmetrisch.

**Wuchsformen** *Cattleya*-Hybriden bilden nach der Blüte an der Basis einen neuen Spross.

ten des Stammes abwechselnd nach links und rechts. Die Blütenstiele erscheinen dabei zwischen den Blättern.

Eine andere Gruppe von Orchideen hat mehr als einen Stamm. Nachdem ein solcher Spross ausgewachsen ist und vielleicht geblüht hat, bildet sich an seiner Basis ein neuer Spross. Die Wurzeln wachsen meist jeweils an der Basis der Triebe. Die Blüten können aus der Spitze, aus den Seiten oder aus der Basis des Sprosses entspringen. Diese Wuchsform wird als sympodial bezeichnet. Zu dieser Gruppe gehören beispielsweise die Gattungen *Cattleya*, *Dendrobium* oder *Paphiopedilum*. Bei vielen sympodialen Orchideen findet man häufig eine Besonderheit: Diese epiphytisch wachsenden Pflanzen (Baumaufsitzer) müssen, da sie keinen Kontakt zum Erdboden haben, Wasser und Nährstoffe über die Luft sammeln und speichern. Dazu besitzen sie eine spezielle Umhüllung der Wurzeln, das „Velamen", und Nährstoffspeicher in den verdickten Stämmen, die man als Pseudobulben bezeichnet. ■

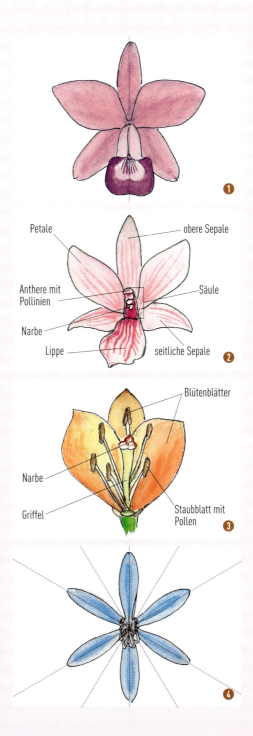

**AUFBAU VON ORCHIDEEN & CO.**
1. **Spiegelachse** Die Blüten der meisten Orchideen sind zweiseitig symmetrisch (spiegelsymmmetrisch).
2. **Blüte** einer Orchidee mit Sepalen, Petalen, Lippe und Säule mit Anthere und Narbe.
3. **Liliengewächs** Blüte mit Blütenblättern, Griffel und Narbe (weiblich) sowie Staubblättern (männlich).
4. **Spiegelachsen** Die Blüten der meisten Pflanzen sind radiär symmetrisch, d. h. strahlenförmig symmetrisch.

# INSPIRATION  *alles Wissenswerte*

## EXOTISCH UND *Vitrinen & Co.*
### LEICHT ZU PFLEGEN

**ZAHLREICHE ORCHIDEEN GEDEIHEN** in der trockenen Zimmerluft nicht so gut. Oft handelt es sich dabei um klein bleibende Miniatur-Orchideen wie z. B. *Pleurothallis, Masdevallia* oder *Bulbophyllum*. Für diese Pflanzen ist eine Zimmervitrine eine gute Möglichkeit, sie ohne Gewächshaus in der Wohnung zu kultivieren. Der zoologische Fachhandel bietet viele Komplettlösungen für Regenwaldterrarien, in denen z. B. Pfeilgiftfrösche oder Regenwaldreptilien gepflegt werden können. Sie sind häufig bereits mit einer Beleuchtungsanlage und guter Ventilation ausgerüstet. Wichtig ist bei der Vitrinenkultur, dass genügend Luftumwälzung vorhanden ist, damit einerseits keine stockende Luft entsteht, was schnell zu Schimmel oder Fäulnis führen kann, und andererseits die Feuchtigkeit zwar hoch genug ist, aber nicht zu Staunässe führt. Dazu bietet der Fachhandel Abstandslösungen für Aquarien, damit unter dem Boden das Wasser ablaufen kann. Für die Wände eignen sich einerseits Materialien wie Kork, aber auch künstliche wie Epiweb, ein Kunststoffschaum, auf dem die Pflanzen direkt wachsen können und der schnell mit natürlichem Moos bewachsen wird. Darüber hinaus gibt es auch mehr oder weniger offene Vitrinen, die eine Mischung zwischen Raumklima und dem Klima in der Vitrine ermöglichen.

**Eine Orchideenvitrine** Sie benötigt viel Platz, belohnt den Besitzer aber mit paradiesischen Blüten.

## *Kleingewächshäuser*

Mit der Zeit steigt nicht nur die Zahl der Orchideen, auch die Ansprüche wachsen und man möchte sich an neue Herausforderungen heranwagen, die sich im Zimmer nicht realisieren lassen. Das ist der Zeitpunkt, an dem der Wunsch nach einem Kleingewächshaus reift. Auch hier bietet der Fachhandel zahlreiche Möglichkeiten für die unterschiedlichen Ansprüche und für je-

**Gewächshauskultur** Eine gute Beratung bei der Wahl der Heizung, Lüftung und Schattierung ist unerlässlich.

**Platzsparend** *Phalaenopsis*-Hybriden lassen sich mit den Töpfen an ein Gitter gebunden platzsparend präsentieren.

den Geldbeutel. Zwei Dinge sind hier besonders wichtig: Man muss sich sehr genau darüber im Klaren sein, welche Orchideengruppe man pflegen möchte, und man sollte sich sehr ausführlich beraten lassen. Die Beschränkung auf bestimmte Orchideen mit gleichen Pflegeansprüchen vereinfacht die Einrichtung erheblich. Wenn z. B. Regenwaldorchideen aus Südamerika gepflegt werden sollen, so betrifft das auch die Wahl der Heizung, der Lüftung und der Schattierung. Kühl zu pflegende Pflanzen aus den Nebelwäldern brauchen niedrigere Temperaturen im Winter, aber einen deutlich höheren Aufwand in Bezug auf die Lüftung und die Schattierung im Sommer. In diesem Stadium ist es besonders

### JE GRÖSSER DER KULTURRAUM, DESTO BESSER
Egal ob Gewächshaus, geschlossenes Blumenfenster oder Vitrine: Je größer der umschlossene Kulturraum ist, desto leichter lässt sich das Kleinklima darin kontrollieren und desto geringer ist der technische Aufwand, den man betreiben muss, um erfolgreich darin Orchideen zu kultivieren. Man sollte daher versuchen, den jeweiligen Kulturraum so großzügig wie möglich zu gestalten.

hilfreich, wenn man Mitglied in einem Orchideenverein ist, die Gewächshäuser anderer Liebhaber besuchen und von deren Erfahrungen profitieren kann. Dann hat man eine bessere Basis für Entscheidungen wie:
- Anlehngewächshaus oder frei stehend?
- Standort im Garten unter Bäumen oder auf freier Fläche?
- Art und Tiefe des Fundaments?
- Stegdoppelplatten oder andere Art der Bauform?
- Art und Installation der Heizung?
- Wassertank und Gewinnung von Gießwasser?

Insgesamt muss man natürlich auch neben den Baukosten die laufenden Kosten bedenken. Alles in allem gibt es sehr viele Dinge, die vor einer Entscheidung für ein Gewächshaus bedacht werden müssen. Daher ist eine intensive Beratung sehr wichtig, damit man für die vielen Jahre auch wirklich Freude an seinem Hobby hat. Wer sich für ein Gewächshaus entscheidet, hat sich mit dieser nicht unerheblichen Investition für lange Zeit festgelegt. Daher sollten Sie sicher sein, dass dieses Geld auch gut angelegt ist, damit Sie lange Freude an den Orchideen haben.

# INSPIRATION    | *alles Wissenswerte*

# GRÜNE OASEN *Wintergärten* FÜR ORCHIDEEN

**WINTERGÄRTEN HABEN EINEN BESONDEREN REIZ** und sind zu grünen Oasen geworden, in denen Orchideen sehr gut gedeihen können. Natürlich kann man hier die blühenden Pflanzen aus dem eigenen Kleingewächshaus in angenehmer Atmosphäre präsentieren, und zudem ist der Wintergarten für sich selbst ein Gewächshaus, in dem man wohnen kann.

Der dekorative Aufwand für den privaten Traumgarten ist relativ gering. Eine große Pflanzenwanne, am besten gemauert und mit Teichfolie ausgekleidet, wird mit Blähton gefüllt, auf den aus optischen Gründen eine Kiesschicht kommt. Dort hinein kommen die Töpfe mit den Orchideen und ihren Begleitpflanzen.

Stärkere Baumäste mit daran angebrachten Pflanzen vermitteln einen naturnahen Eindruck. Solche Äste müssen aber kippsicher verankert werden, sodass niemand zu Schaden kommt. Für einige Orchideenarten eignen sich auch lebende Epiphytenstämme. Für dieses Experiment lassen sich eine Reihe von langsam wachsenden tropischen Ziersträuchern, Baumfarne oder Palmfarne *(Cycas)* verwenden. Daran kann man Orchideen mit kletterndem Wuchs aufbinden, die für die Topfkultur weniger gut geeignet sind. Hierzu gehören z. B. Arten aus den Gattungen *Bulbophyllum* und *Oncidium*.

**Farbtupfer** Orchideen verleihen einem Wintergarten mit ihrer Leuchtkraft ein besonderes Flair.

## In Kübeln

Eine andere dekorative Möglichkeit für große Orchideen stellt die Kultur in größeren Töpfen oder in Kübeln dar. Hierin machen vor allem groß wachsende Orchideen wie *Cymbidium*-Arten und ihre Hybriden, Cattleyen und ausgewachsene *Vuylstekeara* sowie viele der Mehrgattungshybriden aus der *dontoglossum*-Gruppe eine sehr gute Figur.

## Luft, Licht und Schatten

Die technischen Einrichtungen für einen Wintergarten sind nicht besonders aufwendig. Man muss nur für eine ausreichende Heizung und Fenster zum Lüften sorgen. In Verbindung mit dem großen Luftvolumen entsteht so ein den Orchideen angenehmes Klima. Die notwendige Luftfeuchtigkeit kann man vor allem im Sommer durch tägliches Sprühen und mit Hilfe der Begleitpflanzen erzeugen.

Im Sommer muss man, da die meisten Wintergärten nach Süden weisen, für eine ausreichende Beschattung sorgen, damit einerseits die Pflanzen nicht verbrennen, andererseits die Wärmeentwicklung begrenzt wird. Dafür eignet sich eine Schattierung mit entsprechendem Schattiergewebe. Eine natürliche Schattierung kann man mit Rankenpflanzen erzielen, die im Sommer mit ihrem Blattwerk für kühlenden Schatten sorgen, während sie im lichtärmeren Winter ihr Laub abwerfen und mehr Licht in den Raum lassen. Gerade im Sommer ist auch regelmäßiges Lüften sehr wichtig. Einerseits kühlt der Luftstrom die Blätter, andererseits regt die Wärme den Stoffwechsel der Pflanzen an und sie benötigen mehr Frischluft. Vor allem größer werdende Orchideen des temperierten oder des kühleren

**Stilvoll arrangiert** Mit Orchideen, Tillandsien und Skulpturen lassen sich im Wintergarten ganz neue immergrüne Welten gestalten.

Bereichs (siehe auch Tabelle Seite 29) können sich hier zu Hause fühlen.

Geeignete Orchideen sind auch hier *Cymbidium*-Arten und -Hybriden, *Cattleya*-Hybriden, *Brassia, Oncidium, Odontoglossum* und *Dendrobium-nobile*-Hybriden. Orchideen des warmen Temperaturbereichs wie z. B. *Phalaenopsis* sind weniger gut geeignet, weil man im Winter zu viel Energie in die Beheizung des Wintergartens investieren müsste.

 **DER RICHTIGE TOPF** Den richtigen Topf für die Lieblingsorchidee zu finden, ist ganz einfach. Tipps und Ideen dazu hier oder unter www.m.kosmos.de/13455/tb4

# INSPIRATION  *alle Extras*

## ROBINIE, REBHOLZ UND KORK
# *Orchideen aufbinden*

**GRUNDSÄTZLICH KANN MAN** seinen Pflanzstoff zwar selbst mischen, aber gleichbleibende Qualität, und das ist für Orchideen sehr wichtig, erreicht man besser mit Substratmischungen aus der Fachgärtnerei. Zahlreiche Orchideen wachsen als reine Epiphyten auf der Rinde ihrer Wirtsbäume. Wenngleich viele davon bei uns recht gut im Topf in Orchideensubstrat gedeihen und nur wenige Ausnahmen wie die blattlose *Chilochista* ausschließlich ohne Substrat wachsen, liegt es aber nahe, die natürlichen Bedingungen so weit wie möglich nachzuahmen und die Pflanzen auch „am Block" wachsen zu lassen. Bevor man sich also für die Kultur auf Korkrinde, Robinien- oder Rebholz entscheidet, sollte man sich über die Konsequenzen im Klaren sein: Die Pflanzen brauchen dann eine höhere Luftfeuchtigkeit, müssen regelmäßig besprüht und zur Düngung getaucht werden. Sie sind anfälliger gegen Krankheiten und Schädlinge. Empfehlenswert ist diese Blockkultur also hauptsächlich im Gewächshaus, in der Vitrine oder am geschlossenen Blumenfenster, wo die notwendigen Rahmenbedingungen leichter zu schaffen sind. Dort wachsen und blühen viele Orchideenarten am Block auch besser als im Topf.
Bei den Materialien, die zum Aufbinden verwendet werden, ist viel experimentiert worden. Die meisten Hölzer sind nicht widerstandsfähig genug. Sie verrotten relativ schnell und schaden damit auch der Pflanze. Robinie und Rebholz sind relativ gut geeignet, Eiche dagegen wegen der Gerbstoffe nicht. Kork hat sich sowohl in Form von Rindenstücken als auch als bitumengebundener Presskork bewährt, da er nährstoffarm ist und wenig Wasser aufnimmt.

**Klein, aber oho** Sehr kleine Pflanzen wie *Dryadella edwallii* gedeihen leicht in Blockkultur.

1. Legen Sie Material und Werkzeug zurecht.
2. Schneiden Sie einen Teil der Pflanze ab.
3. Sphagnum-Moss dient als Unterlage.

4. Die Pflanze auf das Polster setzen.
5. Mit Draht auf der Unterlage festbinden.
6. Die fertige, aufgebundene Pflanze.

## Fingerspitzengefühl bei der Pflege

Da die Wurzeln „am Block" nicht durch Pflanzstoff geschützt sind, trocknen sie sehr viel schneller ab. Dies kann einerseits ein Vorteil sein, da sie dadurch besser vor Fäulnis geschützt sind, andererseits besteht dabei aber auch die Gefahr, dass die Pflanze zu schnell austrocknet. Ein Moospolster, beim Aufbinden über die Wurzeln gelegt, kann diese Gefahr etwas abmildern. Dennoch müssen die Pflanzen täglich besprüht werden. Die Düngung stellt dabei ein besonderes Problem dar. Im Topf werden die Pflanzen durch die Nährstoffe im Pflanzstoff versorgt, die beim Zersetzungsprozess langsam freigesetzt werden. Wenn kein solcher Zersetzungsprozess stattfindet, muss die Pflanze direkt versorgt werden.

Da Orchideen allgemein einen niedrigen Nährstoffbedarf haben und die Wurzeln empfindlich gegenüber hohen Salzkonzentrationen sind, bedarf es bei der Düngung von aufgebundenen Orchideen einiger Fingerspitzengefühls.
Dieses Problem tritt auch bei Topfpflanzen auf, die in einem rein anorganischen Substrat wie z. B. Steinwolle gepflegt werden. Auch hier müssen die Orchideen direkt mit den nötigen Nährstoffen versorgt werden, da im Pflanzstoff die langsame Freisetzung von Nährsalzen nicht erfolgen kann. Außerdem lagern sich an die mineralischen Fasern des Substrats häufig Nährstoffe in hoher Konzentration an, was zu einer Versalzung des Pflanzstoffs und zu starker Schädigung des Wurzelsystems führen kann. Es gibt eine Reihe von Kultivatoren, die dieses Problem tadellos meistern, aber dem Anfänger kann Steinwolle als Substrat nicht empfohlen werden. ■

*pflanzen & pflegen*
# PRAXIS

PRAXIS | *alles im Überblick*

# ORCHIDEEN 1X1

**S. 24**

## *Kaufkriterien*

Es ist schwer, den prachtvoll präsentierten Orchideen in Gärtnerei und Geschäft zu widerstehen. Damit Sie lange Freude an Ihrem Blühwunder haben, erfahren Sie hier, worauf es beim Kauf ankommt.

**S. 26**

## *Im richtigen Licht*

Orchideen reagieren stark auf die **Lichtverhältnisse.** Ein halbschattiges Fenster oder ein **schattiertes Plätzchen** im sommerlichen Garten sind **genau das Richtige** für starke und gesunde Pflanzen.

**S. 30**

## *Perlite*

UNTERSCHIEDLICHE GEMISCHE Z. B. AUS STYROPOR, KORK UND KOKOSFASERN SIND DER OPTIMALE PFLANZSTOFF.

**S. 34**

## *Für ein langes Leben*

Orchideenpflanzstoff speichert lange Zeit das aufgenommene **Wasser**, sodass einmal in der Woche gießen völlig ausreicht. Welche **Mischungsverhältnisse** für Wasser- und **Düngergaben** sinnvoll sind, damit Ihre Pflanzen farbintensiv blühen, und kräftig und langlebig sind, erfahren Sie hier.

**S. 42**

## *Was fehlt meiner Orchidee?*

Trotz guter Pflege kränkeln die Orchideen? Wie Sie Schädlingsbefall am besten vorbeugen, welche Krankheiten und Kulturfehler auftreten können und was im Falle eines Befalls zu tun ist, können Sie auf den folgenden Seiten nachlesen.

**S. 36**

## *Verschiedene Wuchsformen*

**Orchideen-Arten haben unterschiedliche Wuchsformen.** Bei monopodial wachsenden Orchideen zieht sich die Pflanze an einem Haupttrieb nach oben, während sympodial wachsende Orchideen an Bulben in die Breite gehen. Auf den folgenden Seiten lernen Sie, wie man beide Formen fachgerecht umtopft.

# PRAXIS    | *alles Wissenswerte*

**In Tüten** Gerade die sehr beliebten *Phalaenopsis*-Hybriden sind im Einzelhandel und Gartencenter oft in Plastiktüten verpackt, aus denen sie nach dem Kauf sofort befreit werden müssen.

## GUTE QUALITÄT *einkaufen*

**WENN MAN ALL DIE WUNDERBAREN ORCHIDEEN** in einer Gärtnerei oder in einem Blumengeschäft sieht, fällt es schwer, zu widerstehen. Selbst zwischen den farbenprächtigsten Blumen fallen Orchideen mit ihren anmutigen Blüten und den teilweise zarten Farben immer auf. Während allerdings andere Zimmerpflanzen nach der Blüte häufig einfach weggeworfen werden, sind Orchideen keine Einwegpflanzen. Sie haben bei richtiger Pflege ein sehr langes Leben und können uns immer wieder neu über viele Jahre mit ihren Blüten erfreuen. Dies gilt sowohl für die exotischen Naturformen als auch für die Hybriden, die sogar mehrmals im Jahr blühen können.

## *Wichtige Auswahlkriterien*

1. Prüfen Sie, an welchem Platz die Pflanze stehen soll. Überlegen Sie, wie hell dieser Standort ist, wie warm es tagsüber und wie kühl es in der Nacht wird. Einen guten Anhaltspunkt für die Wahl der richtigen Orchidee gibt die Frage, welche anderen Pflanzen dort gut wachsen und welche nicht. An einem Südfenster, an dem nur Kakteen gedeihen, ist die Auswahl etwas eingeschränkter. Wachsen dort aber z. B. Usambaraveilchen, kann man unter einer Vielzahl von Pflanzen wählen.
2. Etwa die Hälfte der Blüten sollten sich bereits geöffnet haben. Zu knospige Pflanzen werfen bei drastischem Wechsel der Umgebung leicht die Knospen ab. Dies gilt für Naturformen mehr als für die etwas robusteren Hybriden.
3. Bei bereits blühenden Orchideen muss man damit rechnen, dass die Blüte weniger lange hält als bei den Pflanzen, die man selbst zur Blüte gebracht hat. Die Umstellung und Eingewöhnung kostet die Pflanze Kraft, die sie lieber in neues Wachstum als in die Blüte investiert. Daher blühen Orchideen, die sich am neuen Standort „eingelebt" haben, bei guter Pflege länger als frisch gekaufte Pflanzen.
4. Beim Kauf sollte man sich nicht nur von der Blüte beeindrucken lassen. Ebenso wichtig ist z. B. der Zustand des Blattwerks. Es sollte eine frische grüne Farbe haben. Die Blätter sollten fest und möglichst nicht geknickt sein. Da Orchideen relativ langsam wachsen, bleiben auch solche unschönen Beschädigungen lange sichtbar. Vorsicht ist bei allzu viel Glanz geboten: Hier wurde mit Blattglanz aus der Sprühdose nachgeholfen und geschönt.
6. Wichtiges Kennzeichen für den Gesundheitszustand der Pflanze sind die Wurzeln. Viele Orchideen bilden auch außerhalb des Topfes Luftwurzeln. Wenn die Pflanze in vollem Wachstum ist, sind die Wurzelspitzen frisch und grün.
7. Lassen Sie die Pflanzen für den Transport in Papier einpacken. Man findet leider viele Orchideen in Kunststofftüten verpackt. Die Folie begünstigt ein Klima, in dem es keinen Luftaustausch gibt und für die Pflanzen nicht gut ist. Im Winter bietet Papier beim Transport zudem einen besseren Schutz vor Kälte. Vorsicht ist bei Pflanzen geboten, die schon im Verkaufsraum in Folie verpackt stehen. ■

**ACHTEN SIE AUF DIE VERPACKUNG**
Die Plastiktüten bestehen oft aus Polyethylen oder PVC (Polyvinylchlorid) und können über einen längeren Zeitraum Ethylengas freisetzen. Dieses Gas bewirkt bei manchen Orchideen, dass sie die Knospen abwerfen. Ethylen entströmt auch reifendem Obst und kann so zu Hause zum vorzeitigen Abfallen der Knospen und Blüten führen, wenn Äpfel, Bananen etc. in der Nähe der Orchideen gelagert werden.

**Grüne Wurzeln** Achten Sie beim Kauf auf die Farbe der Wurzeln. Grüne Wurzeln bedeuten einen ausgeglichenen Wasserhaushalt.

# PRAXIS | *alles Wissenswerte*

# DAS RICHTIGE
# *Licht für Orchideen*

**LICHT IST EINER DER WICHTIGSTEN UMWELTFAKTOREN** für alle grünen Pflanzen. Mit Hilfe des Chlorophylls, des Blattgrüns, wird es eingefangen und seine Energie für die Photosynthese nutzbar gemacht. Photosynthese ist der Vorgang, bei dem in der Pflanze aus dem Kohlendioxid in der Luft und aus Wasser Traubenzucker hergestellt wird. Das ist der Grundbaustein, aus dem viele Teile des Pflanzenkörpers aufgebaut werden. Bekommt die Pflanze zu wenig Licht, kann die Photosynthese nicht in ausreichendem Maße ablaufen, und die Orchidee verhungert. Bei zu viel Licht wird ein Teil davon in Wärme verwandelt, und die Blätter werden rötlich braun, um sich mit Schutzpigmenten vor der zu großen Lichtmenge zu schützen. Vor allem an geringere Lichtmengen angepasste Pflanzen zeigen im Extremfall Spuren einer Verbrennung.

Viele der bei uns gepflegten Naturformen und die Elternpflanzen der Hybriden, stammen aus tropischen Regionen. Einige wachsen im tiefen Schatten der Urwaldriesen, andere sind dem vollen Licht ausgesetzt. Bei uns haben sich die Orchideen ihrem natürlichen Standort angepasst, die meisten bevorzugen aber einen eher halbschattigen Standort.

**Zweite Reihe** *Miltonia*-Hybriden stehen am Fenster gern beschattet in zweiter Reihe.

**Keine direkte Sonne** *Phalaenopsis*-Hybriden sollten besser an einem Ost- oder Westfenster stehen.

## *Optimaler Lichtwechsel*

Das Licht fällt in den Tropen das ganze Jahr über gleichmäßig ein, denn dort gibt es kaum ausgeprägte Jahreszeiten. Anders ist es bei uns. Im Sommer sind die Tage lang und hell, im Winter kurz und relativ dunkel. Während die Orchideen an unseren Fenstern im Sommer also Gefahr laufen, zu viel Licht zu bekommen, leiden sie im Winter häufig eher an Lichtmangel. Besonders gefährdet sind sie im zeitigen Frühjahr, wenn sich die Pflanzen an den dunkleren Winter gewöhnt haben und die Tage schnell länger und heller werden. Die Pflanzen haben dann noch keine Schutzpigmente entwickelt und ihre Blätter können leicht Schaden nehmen.

Um im zeitigen Frühjahr und im Sommer die Lichtflut etwas einzudämmen, muss am Fenster etwas schattiert werden, z. B. mit einer Gardine. Im Winter sollte die Schattierung entfernt werden. Hilfreich kann es auch sein, die Tage mit einer künstlichen Beleuchtung etwas zu verlängern. Beobachten Sie das Blattwerk der Pflanze: Ist es dunkelgrün, kann sie etwas mehr Licht vertragen, ist es gelbgrün oder rötlich, steht die Pflanze zu hell und braucht etwas mehr Schatten. Entscheidend ist auch die Entfernung zwischen Fenster und Pflanze. Bereits in einem Abstand von einem Meter zur Scheibe hat sich die Lichtmenge mehr als halbiert (siehe Illustration). Lichthungrige Orchideen wie *Cattleya, Dendrobium* oder *Vanda* müssen dicht am Fenster stehen, während *Phalaenopsis, Miltonia* und *Bulbophyllum* in der zweiten Reihe, beschattet von den anderen Pflanzen, besser aufgehoben sind. Es gibt zahlreiche Orchideen, denen gerade in der warmen Jahreszeit ein Aufenthalt im Freien besonders gut tut. Dazu gehören Pflanzen aus den Gattungen *Cymbidium, Cattleya* und ihre Verwandten, *Oncidium* und dem Kreis der Gattungen rund um *Odontoglossum*. Natürlich gilt dies auch für alle aus diesen Gattungen gezüchteten Hybriden. Nicht wenige davon kommen nach einer solchen „Sommerfrische" viel besser zur Blüte, als wenn sie die ganze Zeit über im Hause verbracht hätten. Auch sie müssen allerdings vor zu viel Licht geschützt werden. Dies kann durch Schattiergewebe oder durch einen Standort unter Bäumen geschehen. Sie vertragen dabei meist viel mehr Licht, da die Blätter durch die leichte Luftbewegung gekühlt werden. Für einen Aufenthalt im Freien nicht geeignet sind *Phalaenopsis, Miltonia* und die Frauenschuh-Arten.

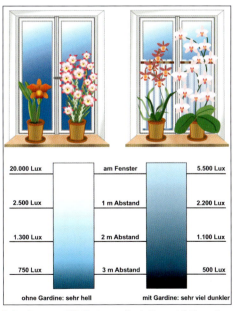

**Schattierung und Entfertnung** Dendrobien und Cattleyen bevorzugen einen Platz, direkt am Fenster (siehe links), *Phalaenopsis* und *Miltoniopsis* stehen gern etwas beschatteter (siehe rechts).

# PRAXIS    *alles Wissenswerte*

**Blütenfülle im Winter** Gerade in der kalten Jahreszeit blühen die überwiegend im kühl temperierten Bereich zu pflegenden *Odontoglossum*-Hybriden.

# SPRÜHEN, *Ideales Klima* SCHATTIEREN & KÜHLEN

**ORCHIDEEN LEBEN AUF ALLEN FÜNF KONTINENTEN** und dort in den verschiedensten Klimaregionen. Um dem Rechnung zu tragen, hat man im Laufe der Zeit für die Kultivierung drei Temperaturzonen herausgearbeitet: kühl, temperiert und warm. Die Orchideen besitzen genügend Anpassungsfähigkeit, um in diesen Temperaturen kultiviert zu werden. Langfristig gedeihen unsere Pflanzen allerdings nur in dem Temperaturbereich gut, an den sie oder ihre Elternpflanzen angepasst sind. Wichtig ist dabei, dass nicht nur die maximalen Temperaturen ausschlaggebend sind, sondern auch der Unterschied zwischen der höchsten Tages- und der niedrigsten Nachttemperatur. Diese Differenz regt viele Orchideen zu bestimmten Zeiten zur Blütenbildung an.

## Jahreszeitliche Kultur

Die kühlen Nebelwälder der Anden und die Hänge des Himalayas finden sich im kühlen Temperaturbereich wieder. Das Hauptproblem für diesen Bereich sind die Zeiten der sommerlichen Spitzentemperaturen, in denen die Pflanzen unter der Hitze leiden und man versuchen muss, ihnen durch Sprühen und Schattieren etwas Kühlung zu verschaffen. Die Tieflandregionen Süd- und Mittelamerikas und fast ganz Südostasien beherbergen Orchideen, die sich im temperierten Bereich pflegen lassen.

Im Amazonasbecken und im Herzen Afrikas sowie in den heißesten Zonen Indochinas und Australiens finden Orchideen aus dem warmen Bereich ihre Heimat. Die Temperaturen bleiben ganzjährig hoch und das ganze Jahr über ist es gleichmäßig feucht. Die Orchideen haben in diesem Klima meist keine festen Blütezeiten, da es keine Jahreszeiten gibt. Die Temperaturwerte für die Orchideenkulturen in der Tabelle oben rechts, sind Durchschnittswerte. Die maximalen Werte sollten nicht über längere Zeit überschritten, die minimalen Werte nicht über längere Zeit unterschritten werden.

### TEMPERATURBEREICHE FÜR DIE ORCHIDEENKULTUR

| Temperatur-bereich | Durchschnittliche Temperatur ||||
|---|---|---|---|---|
| | tagsüber | nachts | maximal | minimal |
| Kühler Bereich | 15 °C | 8 °C | 25 °C | 5 °C |
| Temperierter Bereich | 20 °C | 14 °C | 30 °C | 12 °C |
| Warmer Bereich | 25 °C | 20 °C | 35 °C | 16 °C |

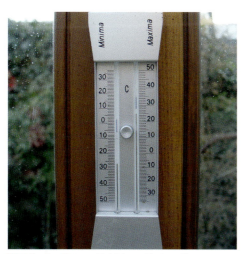

**Wichtige Ausrüstung** Ein Minimum-Maximum-Thermometer erleichtert die Orchideenkultur.

**Richtig kalt** Der ideale Standort für eine *Coelogyne cristata* ist eine kühle Fensterbank.

# PRAXIS    | *alles Wissenswerte*

**Kleine Gruppe**  Mit dem richtigen Pflanzstoff lassen sich zum Beispiel *Phalaenopsis*-Hybriden dekorativ in flache Schalen für den Wintergarten pflanzen.

## VERMICULITE, PERLITE & KORK
## *Gute Pflanzstoffe*

**DIE MEISTEN UNSERER ORCHIDEEN** sind an eine epiphytische Lebensweise als „Aufsitzer" auf Bäumen angepasst. Die Wurzeln geben der Pflanze Halt auf der Rinde und nehmen mit dem Velamen Wasser auf. Orchideen haben keine Wurzelhaare, die bei den meisten anderen substratgebundenen Pflanzen der Aufnahme von Wasser und Nährstoffen dienen.

In einem Substrat wie Blumenerde sterben daher die Wurzeln der meisten Erd-Orchideen, wie z. B. der Frauenschuh, sehr schnell ab. Der Pflanzstoff sollte deshalb verschiedene Anforderungen erfüllen: Er muss den Orchideen Halt geben, um die Wurzeln herum eine feuchte Atmosphäre schaffen und Luft an die Wurzeln lassen. Dies ist besonders wichtig, da das Velamen leicht faulen kann.

## Gutes Material

Inzwischen wird Torf aus Gründen des Naturschutzes weniger häufig verwendet und durch faseriges Material wie Kokosfasern ersetzt. Weitere Zuschlagstoffe verbessern die Eigenschaften des Pflanzstoffs, wie Styropor und Kork, die für die Durchlüftung des Substrats sorgen. Perlite und Vermiculite können Spurenelemente aufnehmen, speichern und langsam wieder abgeben. Aktivkohle absorbiert schädliche Stoffwechselprodukte und macht sie unschädlich. Wichtig für die Orchidee ist, dass sie immer im gleichen Substratgemisch steht, denn häufiges Umgewöhnen fällt ihr schwer. Nach etwa zwei Jahren haben die Mikroorganismen den Pflanzstoff zersetzt, dann muss umgetopft werden. Geschieht das nicht, können Pilze und Bakterien absterben und die daraus freigesetzten Nährstoffe können eine tödliche Überdüngung bewirken.

## Echte Hungerkünstler

Orchideen sind echte Hungerkünstler, die von Natur aus mit einem geringen Nährstoffangebot auskommen. Sie wachsen relativ langsam und speichern Nährsalze und Wasser in ihren Pseudobulben oder in den Blättern, über die sie übrigens auch Nährstoffe aufnehmen können. Der Pflanzstoff braucht deshalb nur wenig eigene Nährstoffe zu enthalten.

Außerdem leben vor allem auf der Rinde Pilze und Bakterien, die den Pflanzstoff langsam zersetzen und so Nährstoffe wie Stickstoff, Phosphor und andere Elemente freigeben. Etwa 80 % des zugeführten Düngers werden von diesen Mikroorganismen verbraucht. Damit diese für die Orchideen sehr wichtige Flora existieren kann, darf das Substrat niemals ganz austrocknen. ■

**PFLANZSTOFFE IM ÜBERBLICK**
1. **Zum Aufbinden** Links Kokosfaser, rechts Torffaser zum Aufbinden oder als Substratbeigabe.
2. **Grob und Fein** Links grobes Substrat für Cattleyen und Vandeen, rechts feines Substrat für *Odontoglossen* und *Cymbidien*.
3. **Sphagnum** Links europäisches, rechts neuseeländisches Sphagnum zur Substratbeigabe oder zum Aufbinden.

# PRAXIS | *alle Extras*

# GROSSE *Auswahl*

**ORCHIDEEN WAREN DIE ERSTEN PFLANZEN,** die nur um ihrer Schönheit willen gepflegt wurden. Aus dem alten China ist überliefert, dass Konfuzius den Duft der Orchideen besonders zu schätzen wusste. In Europa begann die „Orchidomanie" im 18. und 19. Jahrhundert, als Sammler die ersten Orchideen aus den Kolonien in Südostasien mitbrachten. Der Adel ganz Europas wetteiferte darum, die schönsten und neuesten Orchideen zu präsentieren. Eigene Expeditionen wurden ausgerüstet, um die Höfe und Salons Europas mit neuen, exotischen Pflanzen zu versorgen. Mit Einführung der Zentralheizung war es jedem möglich, sich ein Stück tropische Exotik auf die eigene Fensterbank zu holen.

Dabei stellte es sich heraus, dass Orchideen sich an die Gegebenheiten der Zimmerkultur besser anpassen können als andere tropische Pflanzen.

**Unterschiedlichste Formen** *Paphiopedilum* verdankt ihren Namen der schuhartigen Lippe an der Blüte.

**Viele Verwandtschaften** Zu den Verwandten der *Cattleyen* gehören auch Orchideen wie diese *Epidendrum ballerina*.

**Neue Namen** Die früher unter dem Namen bekannte *Oncidium varicosum*, trägt nun den Namen *Gomesa varicosa*.

**Exotisch** Die *Aranda* 'Madame Panne' kann man wurzelnackt im Körbchen kultivieren.

**Untypisch** Die seltener gesehene *Dendrochilum glumaceum* erweist als sehr blühwillig und wüchsig.

**Mini-Orchideen** Im Haus kann man *Masdevallien* in Vitrinen oder in offenen Terrarien gut pflegen.

Dies gilt insbesondere für die große Zahl der Hybriden und Kreuzungen, die inzwischen gezüchtet wurden. Weil sie so robust sind, haben sie heute einen festen Platz im Angebot. Mit über 30 000 Arten liegen die Orchideen mit den Korbblütlern, wie z. B. Astern, im Wettstreit, die größte Pflanzenfamilie zu sein. Dazu kommen mehr als 120 000 Kreuzungen.

## Rund um den Erdball

Wussten Sie, dass es in Sibirien Orchideen gibt? Dort wächst z. B. der tiefrot blühende Frauenschuh *Cypripedium macranthos*. Die wunderschöne *Calypso bulbosa* findet man in Nordasien, Norwegen, Schweden und Finnland sowie in Alaska. Auf Kakteen in der mexikanischen Halbwüste wachsen *Oncidium*-Arten, und in den kolumbianischen Anden findet man im kalten, rauen Hochlandklima *Masdevallia racemosa* in Höhen zwischen 2 900 und 4 200 m. Auf den nasskalten Höhen des Tafelbergs am Kap der Guten Hoffnung an der Südspitze Afrikas wächst die auffällige *Disa uniflora*. Die Vorfahren der Gattung *Phalaenopsis*, stammen aus den feuchtwarmen Regenwäldern Südostasiens.

Bei uns in Mitteleuropa wachsen etwa 60 Arten von Erd-Orchideen. Dazu gehören die Knabenkräuter (*Orchis* und *Dactylorrhiza*) und der heimische Frauenschuh (*Cypripedium calceolus*). Aus Südeuropa strammen die Ragwurz-Arten, z. B. Bienenragwurz (*Ophrys apifera*). ∎

**VANILLA ORCHIDEEN** Den Geschmack von Vanille in vielen Speisen, verdanken wir tatsächlich einer besonderen Orchidee. Infos hier oder unter www.m.kosmos.de/13455/tb6

PRAXIS  | *alles Wissenswerte*

# EFFEKTIV DÜNGEN
## UND *gießen*

**MIT SEHR WENIGEN AUSNAHMEN** vertragen alle Orchideen keine Staunässe im Wurzelbereich. Die meisten Orchideen kommen sehr gut damit zurecht, wenn der Feuchtigkeitsgehalt in ihrem Wurzelbereich zwischen mäßiger Feuchtigkeit und leichter Trockenheit schwankt, denn dies sind ihre natürlichen Umweltbedingungen. Im Topf dagegen ist es nach dem Gießen für lange Zeit gleichmäßig feucht. Es ist erstaunlich, wie lange Orchideenpflanzstoff Wasser zu speichern vermag. In den meisten Fällen genügt es völlig, die Pflanzen einmal in der Woche gründlich zu gießen. Dabei ist es wichtig, dass die Pflanze anschließend nicht im Wasser stehen bleibt, denn dies würde zu Staunässe führen. Wegen der für die Orchidee wichtigen Mikroorganismen darf das Substrat aber nie ganz durchtrocknen. Gießen sollte man wenn möglich mit Regenwasser. Orchideen bekommen auch in der Natur dieses kalkfreie Wasser und haben ihre Wurzeln entsprechend darauf eingestellt. Ist das nicht möglich, kann man Leitungswasser mit destilliertem Wasser aus der Haushaltsabteilung eines Kaufhauses im Verhältnis 2:1 mischen.

Während des Wachstums brauchen Orchideen (und die Mikroorganismen im Substrat) natürlich auch Düngestoffe. Handelsübliche Orchideendünger sind auf die Bedürfnisse dieser Pflanzen optimal abgestimmt. Wenn kein Orchideendünger zu bekommen ist, kann man normalen Grünpflanzendünger, in einer etwa ein Viertel so starken Konzentration wie auf der Packung angegeben, verwenden.

**Zeigerpflanze** Wenn salzempfindliche Pflanzen wie diese *Tillandsia aeranthos* gut wachsen und blühen, stimmt auch das Wasser für die Orchideen.

**Kalkflecken** Eine unschöne Marmorierung auf den Blättern entsteht bei zu hartem Sprüh- und Gießwasser.

**Faustregel** Für *Phalaenopsis*-Hybriden gilt, einmal in der Woche kräftig gießen.

## Pflege nach Maß

Besonders wichtig ist es, die Pflanzen möglichst gleichmäßig mit Nährstoffen zu versorgen. Selbst wenn die Pflanze gerade nicht in aktivem Wachstum ist, müssen die für das Bodenleben so wichtigen Mikroorganismen weiterhin versorgt werden. Oft liest man, dass nur bei jedem dritten oder vierten Gießen gedüngt werden sollte. Eine gleichmäßige Versorgung mit niedrig konzentriertem Dünger ist allerdings wesentlich günstiger. Orchideen sind in ihrem Lebensraum nur selten drastischen Schwankungen unterworfen. Je gleichmäßiger die Umweltbedingungen während der Wachstumsphase am Optimum gehalten worden sind, desto besser gedeihen sie und desto kräftiger, farbintensiver und langlebiger werden die Blüten.

Das Gießen und Düngen muss aber auch auf das Wachstum eingestellt sein. Im Spätherbst und Winter werden die Tage kürzer und die Lichtmenge geringer. Dadurch reduziert sich auch das Wachstum. Wenn die Pflanze weniger wächst, braucht sie weniger Nährstoffe und verdunstet entsprechend weniger Wasser über die Blätter. Daher wird man die Wasser- und Düngergaben etwas reduzieren. Beim Gießen sollte das Wasser unten aus dem Topf herauslaufen können. Allerdings sollte die Pflanze nicht im Wasser stehen bleiben. Um das zu verhindern, kann man unten in den Topf ein paar Blähtonkugeln legen. Im Sommer dagegen muss man sicherlich etwas häufiger gießen, um dem stärkeren Wachstum in dieser Zeit Rechnung zu tragen. Staunässe kann man auch vermeiden, wenn man seine Pflanzen nicht von oben gießt, sondern den ganzen Topf in ein Gefäß, zum Beispiel einen Eimer, taucht. So kann sich das ganze Substrat vollsaugen. Nach wenigen Minuten nimmt man die Pflanze wieder heraus. Ein Vorteil dieser Methode ist, dass sich Kalk und Düngesalze nicht so schnell im Substrat anreichern.

**TAUCHEN** Wie Sie Ihre Orchideen mit Hilfe des Tauchverfahrens gleichmäßig und effektiv wässern können, erfahren Sie hier oder unter www.m.kosmos.de/13455/tb5

### WICHTIGE NÄHRSTOFFE UND IHRE BEDEUTUNG

| Nährstoff | Wichtig für |
| --- | --- |
| Stickstoff (N) | Wachstum<br>Chlorophyllbildung |
| Phospor (P) | Energiehaushalt<br>Blütenbildung |
| Kalium (K) | Enzymreaktionen<br>Osmose-Regulation |
| Magnesium (Mg) | Stabile Zellwände<br>Chlorophyllbildung |
| Calcium (Ca) | Wurzelwachstum<br>Stabile Zellwände<br>Pollenbildung |

PRAXIS   | *alles Wissenswerte*

## BULBEN UND RHIZOME
# *Sympodial topfen*

**NACH ETWA ZWEI JAHREN** ist der alte Pflanzstoff verbraucht. Durch den Abbau der Rindenstücke und durch abgestorbene Wurzeln verdichtet sich der Pflanzstoff und verliert seine Luftdurchlässigkeit. Spätestens dann muss man umtopfen. Eventuell ist dies aber schon früher notwendig. Schnell wachsende Pflanzen oder solche, die zwischen den Pseudobulben lange Rhizomstücke haben, erreichen sehr rasch den Rand des Topfes und wachsen darüber hinaus. Der beste Zeitpunkt ist, wenn sich die ersten Neutriebe zeigen. Vor dem Umtopfen lässt man die Pflanze ein paar Tage abtrocknen. Die folgenden Schritte sind einfacher, wenn der Pflanzstoff nicht zu feucht ist. Bei Plastiktöpfen löst man durch leichtes Kneten des Topfes die Wurzeln von der Topfwand. Sollte dies nicht funktionieren, muss man den alten Topf mit einer Gartenschere auseinanderschneiden. Dann nimmt man vorsichtig den Ballen aus dem Topf und entfernt den alten Pflanzstoff.

**Umtopfen** Diese Orchidee ist seitlich über den Topfrand hinausgewachsen und muss in einen größeren Topf gesetzt werden.

**Neuer Topf** Im neuen Topf sollte die Pflanze so gesetzt werden, dass in alle Wuchsrichtungen genug Platz ist.

## Schritt für Schritt

Als Nächstes müssen alle abgestorbenen und faulenden Wurzeln mit einer Schere komplett entfernt werden. Die Werkzeuge sollte man zwischen der Bearbeitung von zwei Pflanzen in Brennspiritus tauchen, damit sie keine Viren und Bakterien übertragen.

Gesunde Wurzeln fühlen sich fest an, kranke oder tote Wurzeln sind weich und braun. Die äußeren Schichten lassen sich leicht vom Mittelfaden abziehen. Wenn beim Umtopfen Wurzeln brechen, ist das nicht schlimm, solange der Mittelfaden intakt ist.

Im Laufe der Zeit dunsten die Weichmacher aus dem Kunststoff aus und die Töpfe werden spröde. Da die Töpfe nicht teuer sind, ist es besser, immer neue Töpfe zu verwenden. Kunststofftöpfe sind Tontöpfen vorzuziehen, da durch ihre Wände kein Wasser verdunstet. Der neue Topf sollte nicht mehr als 2 cm größer sein als der alte.

Bei Orchideen sollte man den Topf lieber etwas zu klein als zu groß wählen. Bei zu großen Töpfen kann es passieren, dass der Pflanzstoff zu lange feucht bleibt und versumpft. Bevor die Pflanze eingesetzt wird, kommen unten in den Topf Styroporflocken als Drainage hinein. Bei hohen Pflanzen kann man auch grobe Steine unten in den Topf legen, um ihn zusätzlich zu beschweren.

## Rhythmus einhalten

Sympodial wachsende Pflanzen wie *Cattleya*, *Dendrobium* oder *Paphiopedilum* werden so im Topf platziert, dass die Neutriebe möglichst weit vom Topfrand entfernt sind, damit sie lange Zeit ungestört wachsen können. Dabei sollte man bedenken, dass sich auch seitlich vom Haupttrieb neue Triebe bilden können. Bei älteren Pflanzen, die über genügend Rücktriebe verfügen, kann man dies durch Anritzen des Rhizoms mit einem sterilen Messer fördern. Durch leichtes Drehen wird dafür gesorgt, dass alle Wurzeln in den Topf gelangen und sich an der Topfwand entlanglegen, ohne dass allzu viele brechen.

Nachdem man die Pflanze in den Topf gesetzt hat, wird nun zwischen die Wurzeln vorsichtig, aber fest, neuer Pflanzstoff gestopft, was besonders gut mit einer großen Pinzette funktioniert. Das Rhizom sollte dabei nicht bedeckt werden. Das Substrat wird nur bis etwa 2 cm unter den Topfrand eingefüllt, damit ein Rand entsteht. Dieser Gießrand verhindert ein Überschwappen beim Gießen.

Die Pflanze wird an Stäben festgebunden, bis ihr die neuen Wurzeln ausreichend Halt geben. Gegossen wird die frisch getopfte Pflanze erst am nächsten oder übernächsten Tag. ∎

**Miltonien** Diese Orchideen wachsen sympodial. Die Wuchsrichtung lässt sich dabei an den Wurzeln gut erkennen.

 **ANSCHAULICH** Hilfestellung beim Umtopfen von sympodial wachsenden Orchideen erhalten Sie hier im Video und ebenfalls auch unter www.m.kosmos.de/13455/v7

PRAXIS | *alles Wissenswerte*

# Topfen monopodial
## HOCH HINAUS

**MONOPODIAL WACHSENDE ORCHIDEEN** werden beim Umtopfen in einigen bestimmten Punkten etwas anders behandelt. Hier wächst die Pflanze an einem Haupttrieb nach oben. Daher setzt man die Pflanze nach dem Austopfen, dem Entfernen der Pflanzstoffreste und dem Beschneiden der toten Wurzeln in die Mitte des Topfes. *Phalaenopsis* und ähnliche Orchideen verlieren jeweils die unteren Blätter, die sich gelb färben und später nahe dem Stamm abbrechen, während aus dem Herzen neues Grün entsteht. Höher werdende *Ascocenda*-Hybriden und manche *Vanda*-Verwandten sind über die ganze Länge des Stamms beblättert. Wenn sie sehr hoch werden, sollte man den Stamm durch einen Stab stützen. Bei manchen Arten bilden sich auch Seitentriebe. Hier kann ein Kleinspalier für Rankpflanzen helfen.

Ältere Pflanzen verlieren manchmal am unteren Drittel die Blätter. Wenn sich unterhalb der unteren Blätter noch keine neuen Wurzeln gebildet haben, kann man durch Umwickeln mit Sphagnum-Moos die Neubildung von Wurzeln anregen. Das Moos sollte feucht, aber nicht zu nass sein. Später kann man vor dem Umtopfen den oberen Teil mit den neuen Wurzeln abschneiden. Der untere Teil treibt oft neu aus.

**Auf gesunde Wurzeln achten** Gesunde Luftwurzeln haben ein weißes Velamen und eine grüne Wurzelspitze, die aktives Wachstum anzeigt.

## SCHRITT FÜR SCHRITT

1. **Austopfen** Die Pflanze wird aus dem Topf genommen. Man knetet den Topf etwas, damit sich die Wurzeln lösen. Der alte Pflanzstoff muss vollständig entfernt werden. Lebende Wurzeln sind silbrig, hellbraun oder grün. Tote Wurzeln werden mit einer Schere herausgeschnitten. Alle Werkzeuge sollten sterilisiert sein, indem man sie eine Weile in Brennspiritus stellt. Das alte Material wird im Hausmüll und nicht auf dem Kompost entsorgt.

2. **Einsetzen** Bei monopodial wachsenden Orchideen wird die Pflanze in die Topfmitte gesetzt. Damit die Wurzeln alle in den Topf hineinpassen, dreht man sie in den Topf. Unbedingt sollte es vermieden werden, alle Wurzeln in der Mitte zusammenzudrücken. Je gleichmäßiger sich die Wurzeln im Topf verteilen, desto besser wachsen sie weiter. Alte Töpfe sollte man entsorgen.

3. **Auffüllen** Die Pflanze in einen größeren Topf auf einer Drainageschicht aus Styropor oder Steinen gesetzt, wird vorsichtig mit Pflanzstoff umhüllt. Den neuen Pflanzstoff bringt man mit Hilfe eines Stäbchens, einer großen Pinzette und durch Klopfen zwischen die Wurzeln, ohne sie in der Topfmitte zu einem Klumpen zusammenzudrücken. Angießen sollte man erst am nächsten Tag.

 **RICHTIG TOPFEN** Wenn Sie nochmal im Detail sehen möchten, wie man monopodial wachsende Orchideen umtopft, informieren Sie sich hier oder unter www.m.kosmos.de/13455/v8

## PRAXIS | *alle Extras*

# ORCHIDEEN EINFACH SELBST *Vermehren*

**ORCHIDEEN ZU PFLEGEN** ist ein wunderschönes Hobby, das unter Umständen sehr viel Zeit und auch Geduld erfordert. Es macht viel Freude, seine Orchideen immer kräftiger und größer werden zu sehen. Je besser eine Orchidee kultiviert worden ist, desto schöner und reichhaltiger ist die zu erwartende Blüte. Es dauert mitunter einige Jahre, bis eine Orchidee ihr volles Potenzial erreicht hat, und dabei werden die Pflanzen manchmal recht groß. Dennoch macht es Freude, seine Pflanzen zu voller Größe heranwachsen zu sehen. Andererseits gibt es kaum etwas Schöneres, als ein winzig kleines Pflänzchen zu pflegen und zu sehen, wie es schließlich das erste Mal zur Blüte kommt.

Darüber hinaus gibt es Pflanzen, die möglichst immer im Wachstum bleiben sollten. Dies sind vor allem Orchideen mit sympodialen Wuchsformen. Während sie wachsen, erneuern und verjüngen sie sich stetig. Damit dieses Wachstum immer wieder erneut angeregt wird und sich nicht verlangsamt oder gar aufhört, müssen diese Pflanzen regelmäßig geteilt werden. Während des Umtopfens können zu groß und zu ausladend gewordene Pflanzen geteilt werden. Zu bedenken ist, dass die Blüte kräftiger ausfällt, je größer die Orchidee ist. Andererseits kann man mit Teilstücken eine seltene Pflanze erhalten.

## *Kopfstecklinge*

Bei zu groß gewordenen monopodialen Orchideen, wie z. B. *Vanda* oder ihren Hybriden, schneidet man den oberen Bereich des Stamms unterhalb einer oder mehrerer Seitenwurzeln ab. Das Kopfstück kann neu eingetopft werden und produziert bald neue Wurzeln, während das untere, im Topf verbliebene Stück aus den seitlichen Blattachseln einen neuen Kopf bilden wird. Will man eine *Vanda* zur Bildung von Wurzeln aus den Blattachseln anregen, kann man an jene Stelle um den Stamm etwas Torfmoos binden, das regelmäßig leicht angefeuchtet wird.

**Gut geeignet** Eine *Laelia pumila* bildet oft zahlreiche Neutriebe und eignet sich somit wunderbar zur Vermehrung.

**Trennen** Bei dieser sympodial wachsenden Orchidee wird das Rhizom mit einer scharfen Schere durchgeschnitten.

**Teilen** Vorsichtig werden die zwei Teilstücke getrennt. Es entsteht ein Vorder- (1) und ein Rückstück (2).

## Vermehrung durch Teilen

Bei sympodial wachsenden Orchideen kann man die Pflanze durch Abtrennen von Rhizomstücken teilen. Dazu wird lediglich mit einem sterilisierten Messer das Verbindungsstück zwischen zwei Pseudobulben durchtrennt. Man muss dabei immer im Gedächtnis behalten, dass die alten Bulben, auch wenn sie mitunter keine Blätter mehr haben und schon etwas schrumpelig aussehen, als Nährstoffspeicher dienen und die jungen Neutriebe versorgen, bis diese selbst ein genügend großes Wurzelsystem ausgebildet haben. Bei *Cattleya* und *Dendrobium* gilt als Faustregel, dass ein Teilstück mindestens drei bis vier alte Bulben besitzen sollte, damit die Pflanze möglichst gut weiterwächst und auch weiterhin regelmäßig blüht. Bei manchen *Paphiopedilum*-Arten zerfällt die Pflanze schon beim Austopfen in mehrere Teilstücke, die einzeln eingetopft werden können und dann bei günstigen Bedingungen manchmal schon mit dem nächsten Neutrieb blühen.

**JUNGPFLANZEN VERMEHREN** Informationen zur Vermehrung von sogenannten Kindeln an Blütenstielen, finden Sie hier oder unter www.m.kosmos.de/13455/tb9

## Professionelle Aussaat

Orchideen durch Samen zu vermehren, ist eine schwierige, aufwendige und langwierige Angelegenheit, die dem Fachmann oder dem professionellen Gärtner vorbehalten bleibt. Orchideensamen haben kein Nährgewebe wie z. B. Weizenkörner. Sie sind winzig klein und werden vom Wind weit verbreitet. Nur unter ganz bestimmten Bedingungen können sie zur Keimung gelangen. In der Natur leben sie in Symbiose mit Pilzen, die sie ernähren. Ohne diese Pilze kann der Keimling nicht überleben, da er zu Anfang noch keine Wurzeln hat.

Bei der künstlichen Vermehrung stellt der Mensch alle Nährstoffe in sterilen Nährmedien zur Verfügung. Die ersten Stadien der Entwicklung macht die Orchidee unter keimfreien Bedingungen in geschlossenen Glasgefäßen durch. Dazu benötigt man ein eigens eingerichtetes Labor.

Wenn Sie vorhaben Orchideen durch Samen zu vermehren, geben Sie die Samenkapsel an einen Orchideen-Züchter, der sie für Sie aussät. Dort werden die Sämlinge etwa zwei Jahre lang regelmäßig auf frisches Nährmedium umgelegt, bevor man sie zum ersten Mal in Pflanzstoff pikiert. Vom Samen bis zur blühenden Pflanze dauert es bei *Phalaenopsis* z. B. etwa vier Jahre. ∎

PRAXIS    | *alles Wissenswerte*

**Vorbeugen** Um gesunde schöne Pflanzen wie diese *Dendrobium infundibulum* zu bekommen, sind einige Kulturmaßnahmen zu beachten.

## GESUND & KRÄFTIG
## Kulturbedingungen

**IM ALLGEMEINEN SIND ORCHIDEEN** gegenüber Schädlingen und Krankheiten nicht empfindlicher als andere Zimmerpflanzen. Im Gegenteil: Viele Schädlinge, die Orchideen befallen, sind oft durch Begleitpflanzen in den Kulturraum gelangt. Einige Orchideen, die eine begrenzte Blütezeit haben, sind ohne ihren Blütenflor nicht sonderlich attraktiv. Wenn man auf der Fensterbank und im Wintergarten immer etwas in Blüte haben will oder die Schönheit der Orchideenblüte unterstreichen möchte, gibt es eine große Auswahl an Begleitpflanzen. Leider haben diese manchmal ungebetene Untermieter, die auf die Orchideen umsiedeln können. Man findet dies häufig bei Weißer Fliege, die z. B. von Fuchsien aus auf Miltonien und andere weichblättrige Orchideen übergehen, oder bei Roter Spinne, die oft mit Efeu eingeschleppt wird. Begleitpflanzen sollten deshalb immer besonders akribisch unter die Lupe genommen werden.

## Schädlingen vorbeugen

Die Kulturbedingungen sollten den Bedürfnissen der Orchideen entsprechen, d. h. Temperatur, Luftfeuchtigkeit, Gießwassermenge und Licht sollten stimmen, damit die Pflanzen gesund und widerstandsfähig bleiben. Vor allem schädliche Bakterien und Pilze haben wesentlich weniger Chancen Orchideen zu infizieren, wenn die Pflanzen gesund und kräftig sind.

Sauberkeit im Kulturraum, egal ob auf der Fensterbank, in der Vitrine oder im Gewächshaus, hilft dabei, viele Probleme zu vermeiden. Abgestorbene Pflanzenteile, wie vertrocknete Blätter oder abgeblühte Blütenstiele, sollten entfernt werden, wenn sie austrocknen. Der ganze Bestand, also auch die Begleitpflanzen, sollte regelmäßig untersucht werden. Dies kann z. B. beim Gießen erfolgen. So wird ein eventueller Schädlingsbefall frühzeitig entdeckt, die Pflanzen erleiden keine größeren Schäden und eine Ausbreitung wird verhindert.

## Chemisch oder biologisch

Vor allem auf der Fensterbank kann man natürlich nicht leichtfertig mit Gift umgehen, aber auch in der Vitrine oder im Gewächshaus sollte man Vorsicht walten lassen. Es gibt eine Reihe von Sprühpräparaten. Wenn man sich aber für ein solches Mittel entscheidet, sollte man die Anwendung nur im Freien durchführen und die Pflanze anschließend für einige Zeit so unterbringen, dass sie weder für Kinder noch für Haustiere zugänglich ist. Beim Einsatz von Pflanzenschutzmitteln im kleineren Pflanzenbestand lassen sich die Insektizide mit einem Pinsel ganz gezielt auftragen. Auch biologische Mittel wie Neem-Öl sind mittlerweile verbrei-

**ACHTEN SIE AUF SAUBERKEIT**
Die Infektion mit Bakterien und Viren erfolgt meist durch nicht sterilisiertes Werkzeug oder durch Schadinsekten. Alles Werkzeug sollte daher beim Umtopfen durch Eintauchen in Alkohol sterilisiert werden. Auf keinen Fall gebrauchte Töpfe wiederverwenden! Tontöpfe kann man zwar durch Hitze sterilisieren, besser ist es aber auf jeden Fall neue durchsichtige Plastiktöpfe zu verwenden.

tet. Speziell Neem hat aber als „Nebenwirkung" einen etwas strengen Geruch, der ein paar Tage lang anhält.

Biologische Schädlingsbekämpfung mit Nützlingen ist zwar umweltschonend, bei kleineren Pflanzenbeständen stirbt allerdings der Nützling, wenn alle Schädlinge ausgerottet sind. Einige Zeit später tritt dann oft auch erneuter Befall auf.

Bei großen Pflanzenbeständen z. B. in größeren Gewächshäusern, bildet sich dagegen ein stabiles Gleichgewicht von Schädling und Nützling. ■

**Keine Panik** Ein einzelnes absterbendes Blatt an einer *Phalaenopsis* kann durchaus natürliche Ursachen haben und muss nicht auf Schädlinge hinweisen.

# PRAXIS | *alles Wissenswerte*

# THRIPSE, SCHNECKEN & CO.
# *Schädlinge*

**AUCH BEI GUTER PFLEGE** kommt es immer einmal wieder vor, dass Orchideen von Schädlingen oder von Krankheiten befallen werden. Zu den häufigsten Krankheiten gehören Viren. Wenn Blätter von *Phalaenopsis* kleine gelbbraune Flecken bekommen und diese Erscheinung nach kurzer Zeit auch auf die neu wachsenden Blätter übergreift, handelt es sich meist nicht um einen Schädling, sondern um den Paprika-Mosaikvirus. Er überträgt sich über das Gießwasser schnell auch auf andere Pflanzen. Ein Heilmittel gibt es hier nicht, aber bei optimaler Kultur kann er wieder unterdrückt werden und die Symptome verschwinden. Der Virus bleibt allerdings in der Pflanze.

In der Wohnung zeigen manche Pflanzen vor allem während der Heizperiode an der Unterseite der Blätter eine silbrige Färbung. Sie rührt von luftgefüllten ausgesaugten Zellen her und ist oft das Werk von Fransenflüglern wie z. B. Thrips oder von einer winzigen Milbenart, der sogenannten Roten Spinne. Die Ursache für den Befall ist die niedrige Luftfeuchtigkeit in dieser Zeit, welche für die Tiere günstige Lebensbedingungen bildet. Mit Anhebung der Luftfeuchtigkeit verschwindet der Befall glücklicherweise meist sehr schnell wieder.

**Anfällig** *Cymbidien* sind bei einer zu niedrigen Luftfeuchtigkeit besonders anfällig für Fransenflügler und Rote Spinne.

## *Was hat meine Orchidee?*

Bei *Oncidium, Miltonia* und den unter dem Namen *Cambria* gehandelten Pflanzen findet man im Winter und bei großer Sommerhitze häufig Ziehharmonikawuchs bei den Blättern, die sich wegen der Wärme und der niedrigen Luftfeuchtigkeit nicht richtig entfalten können. Wenn man es frühzeitig erkennt und die Temperatur senken und die Luftfeuchtigkeit anheben kann, verschwindet dieses Phänomen schnell wieder. Trockene Luft begünstigt auch den Befall durch Schildläuse und Woll- oder Schmierläuse. Die winzigen Tiere sind unter ihren Chitinschilden oder in ihren Wachskokons gut geschützt. Bei beginnendem Befall hilft es, die Tiere mit einem Wattestäbchen mit Pflanzenöl zu bedecken. Das lässt sie in ihren Hüllen ersticken. Keinesfalls sollte man die Blätter anschließend abwischen um die Reste zu entfernen, da so die Eier der Tiere auf der Pflanze verteilt werden.

## *Kleine Untermieter*

Typische Schädlinge des Sommers sind Blattläuse, die sich an jungen Trieben und an sich entwickelnden Blütenständen gütlich tun. Bei geöffneten Fenstern gelangen sie in Wohnungen und Gewächshäuser. Wenn man nicht auf Schädlingsbekämpfungsmittel zurückgreifen will, entfernt man sie durch Absammeln oder Abbrausen. Es gibt eine Reihe von Sprühdosen, die mit Insektiziden auf Pyrethrum-Basis gefüllt sind. Für Menschen und Haustiere sind diese Mittel ungefährlich, nicht aber für Bienen und auch nicht für Orchideen aus der Gattung *Dendrobium,* die daran eingehen können.
Im Gewächshaus und in Vitrinen sind kleine Schnecken oft eine große Plage, die sich über Neutriebe und frische Knospen hermachen. Man kann sie nur in der Nacht durch Absammeln entfernen. Schneckenkorn oder ähnliche Mittel helfen meist nicht.

**Schildläuse** Besonders auf der Blattunterseite siedeln sich bei trockener Luft Schildläuse an.

**Schnecken** Sie verstecken sich meist als Mitbringsel aus der Gärtnerei zwischen den Blättern.

**Ziehharmonikawuchs** Sind die Blätter ziehharmonikaartig gefaltet, ist das ein Zeichen für zu niedrige Luftfeuchtigkeit.

PRAXIS  *alles Wissenswerte*

# KRANKEN
# *Orchideen helfen*

**ES KOMMT NUR SEHR SELTEN VOR,** aber auch Orchideen können krank werden. Meist sind es Infektionen mit Pilzen und Bakterien oder mit Viren, die auftreten, wenn die Pflanze aus irgendeinem Grund geschwächt ist. Eine der wichtigsten Maßnahmen, die als Vorsorge getroffen werden können, ist eine gute, den Bedürfnissen der Pflanze entsprechende Kultur. Gesunde und kräftige Pflanzen zeigen keinerlei Krankheitssymptome und sind auch nicht gegen Infektionen anfällig. Das Entfernen alter, abgestorbener Blätter und verwelkter Blüten sorgt dafür, dass Pilze und Bakterien keine Chance haben. In einem schädlingsfreien Kulturraum können sich Krankheitserreger nur wesentlich langsamer ausbreiten. Dies gilt sowohl für die Orchideen als auch für die Begleitpflanzen.

## *Fehler bei der Pflege*

Manchmal fallen kleine klebrige Tropfen an Blättern, Blütenstielen und Knospen auf. Sie entstehen, weil die Pflanze bei zu geringer Luftfeuchtigkeit dennoch ihren Saftfluss aufrechterhalten muss und in Folge dessen Pflanzensaft durch die Spaltöffnungen herausdrückt. Dies wird als Gutation bezeichnet. Wird die Luftfeuchtigkeit durch regelmäßiges Übersprühen oder durch

**Klebrige Tropfen** Je größer der Unterschied zwischen Tag- und Nachttemperatur ist, desto größer ist die Produktion dieser Tröpfchen.

passende Begleitpflanzen erhöht, können die Pflanzen ihre Spaltöffnungen offen halten. Manchmal findet man braune Blattspitzen. Sie sind ein Zeichen für eine unausgewogene Düngung bzw. für zu hohe Salzkonzentrationen im Gießwasser. Strich- oder punktförmige Verfärbungen der Blätter und ungleichmäßige, fleckige Blüten deuten auf eine Infektion durch Viren hin. Solche Pflanzen kann man nicht heilen. Einmal infiziert, bleibt der Virus unausrottbar in der Pflanze. Man muss darauf achten, dass er sich nicht weiterverbreitet. Solche Pflanzen sind leider für die Zucht nicht mehr zu verwenden und müssen weggeworfen werden.

## Pilzbefall vorbeugen

**Wurzelschäden** Sie zeigen sich meist in einem Austrocknen der Pflanze, obwohl das Substrat genügend feucht ist. Bei *Phalaenopsis* ist oft zu beobachten, dass die Pflanze sehr viele Luftwurzeln bildet, dabei aber sehr lose im Topf sitzt. Die Ursache liegt meist im zu alten Pflanzstoff und in einer geschwächten Pflanze. Als Folge zeigt sich oft Befall durch Fusarium sowie andere Pilze oder bakterielle Fäulnis. Als gefährdete Orchideen gelten *Paphiopedilum* und Orchideen, die wenig oder keine Luftwurzeln bilden. Eine Bekämpfung ist nur durch sofortiges Umtopfen möglich.

**Botrytis** Zeigt sich bei weißen Blüten durch schwarze Flecken. Bei Befall von geschwächten Pflanzen in einem grauschimmeligen Belag auf den Blättern. Die Ursache besteht in einer zu hohen Luftfeuchtigkeit und stehender Luft oder Mangel an Frischluft. Gefährdet sind alle Orchideen, die solchen Bedingungen ausgesetzt sind. Die Bekämpfung besteht aus einer Optimierung der Kulturbedingungen und eventuell dem Ein-

**Sonnenbrand** Zu starke Sonneneinstrahlung schädigt die Blätter. Stellen Sie die Orchidee unbedingt an einen schattigeren Platz.

**Botrytis** Vor allem bei weißen Blüten führt der Schimmelpilz zu hässlichen Flecken.

satz von Fungiziden. Stellen Sie Ihre Pflanzen auf der Fensterbank nicht zu dicht. So kann zwischen den Blättern ausreichend Frischluft zirkulieren. Auch wenn die Pflanzen die Fensterscheibe berühren und sich Schwitzwasser bildet, besteht erhöhte Infektionsgefahr.

## PRAXIS  *alle Extras*

# FÜR MINI-ORCHIDEEN EIN
# *Terrarium bauen*

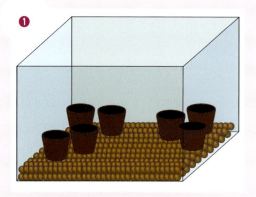

### *Terrarium befüllen* ❶
Als Erstes füllt man eine Schicht von etwa 5 cm Blähton in das Aquarium. Vor allem hinten und an der Seite verteilt man die leeren Töpfe darauf. Dort hinein sollen später die Pflanzen mit ihren Töpfen gestellt werden. Im Vordergrund kann man z. B. mit großen Kieselsteinen eine kleine Landschaft gestalten, indem man sie im Halbkreis hinlegt.

### *Landschaft bauen* ❷
Als Nächstes füllt man die Zwischenräume zwischen den Töpfen mit Blähton auf. Damit stehen die dann fest und man kann mit Steinen und Ästen die kleine Landschaft noch weiter ausbauen.

## FÜR KIDS

## Ein Zuhause für Mini-Orchideen

Große Orchideen kann man gut auf der Fensterbank pflegen. Kleine Orchideen wie z. B. Mini-*Phalaenopsis* und kleine Frauenschuh-Orchideen in kleinen Töpfchen. Diese trocknen allerdings schneller aus und das ist nicht gut für die Pflanzen. Mit Hilfe eines kleinen Terrariums kann man Mini-Orchideen besser pflegen.

## Der Standort

Das Terrarium kann man vor ein Fenster stellen, an dem es morgens oder abends etwas Sonne gibt. Ein Fenster, in das die Sonne am Mittag hineinscheint, wird im Sommer zu warm. Ein Fenster, in das keine Sonne scheint, ist auf Dauer zu dunkel.

## Pflanzen einsetzen ❸

Zum Schluss stellen wir die Pflanzen in die leeren Blumentöpfe. Wenn es noch nicht so schön aussieht, tauscht man die Pflanzen so lange, bis es allen gefällt.

## Gießen

Damit die Orchideen und die anderen Pflanzen immer schön aussehen, sollten sie alle 2–3 Tage mit einer Blumenspritze etwas nass gemacht werden. Dabei muss man aufpassen, dass das Wasser nicht unten im Terrarium stehen bleibt. Es sollte immer vom Blähton aufgesaugt werden und verdunsten.

### DINGE, DIE DU ZUM BAU EINES TERRARIUM BRAUCHST:

- ein Aquarium ca. 50–60 cm breit, 30 cm tief und 30–40 cm hoch
- Blähton, wie er für Hydrokultur verwendet wird (kleine Tonkugeln, so groß wie kleine Murmel)
- 4 oder 5 kleine Mini-*Phalaenopsis* oder andere kleine Orchideen in Töpfen, die nicht mehr als 9 cm Durchmesser haben
- ein paar Farne in kleinen Töpfen oder Bubikopf als Begleitpflanzen
- Genauso viele leere Töpfe wie Pflanzen
- ein paar Äste oder Steine als Dekoration, damit es hübsch aussieht

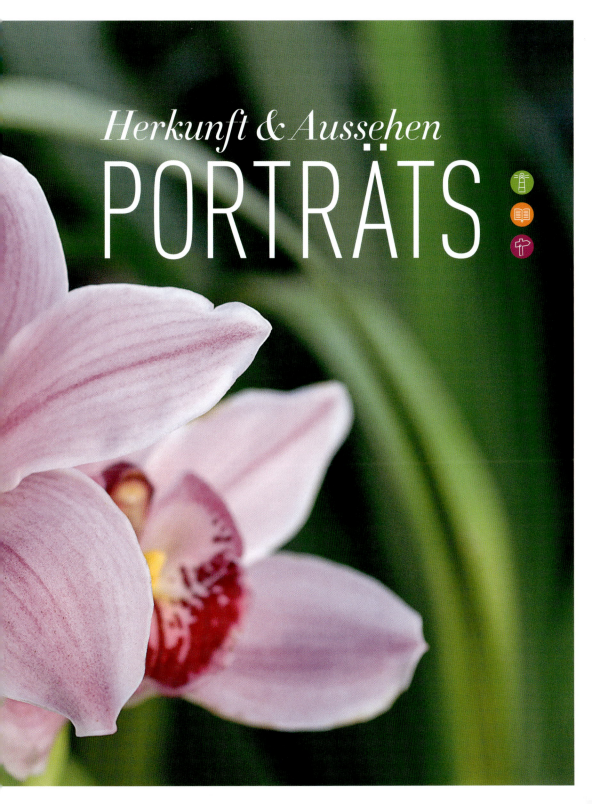

*Herkunft & Aussehen*
# PORTRÄTS

# PORTRÄTS  | *alles im Überblick*

# BLÜTENREICHTUM

S. 54

S. 58

## *Holländische Schönheiten*

Viele der unter dem Handelsnamen **Cambria** zusammengefassten Orchideen kommen aus Holland. Die **kompakten Orchideen** sind sehr **blühfreudig** und lassen sich teilweise auch als Ampelpflanzen kultivieren.

S. 62

## *Schmetterlings- Oorchideen*

Die allseits bekannten und beliebten aus Südostasien stammenden *Phalaenopsis*-Hybriden sind immer ein echter Hingucker. Mit ihrer langen Blühdauer und unkomplizierten Pflege passen sie in jedes Zuhause. Den Standort betreffend, fühlen sich Schmetterlings-Orchideen an einem Ost- oder Westfenster wohl. Südlagen sind zu hell und es kann zu Sonnenbrand kommen. Gegossen wird einmal in der Woche.

## *Stiefmütterchen- Orchideen*

Mit ihren **besonderen Blütenformen** und ihren **vielfältigen Mustern** stechen die *Miltoniopsis*-**Arten** besonders hervor. Die speziellen Züchtungen sind legendär und erfreuen sich im Sommer auch an einem **Standort im Garten.** Mit den Standortbedingungen im Haus kommen *Miltoniopsis* gut zurecht, sie sind aber gegen trockenere Heizungsluft im Winter etwas empfindlich.

**S. 70**

## *Kostbare Duftorchideen*

**Die bevorzugt aus Südamerika kommenden *Cattleya*-Arten** sitzen in ihrer Heimat epiphytisch auf Ästen oder an Baumstämmen. Wenn man die Blütentriebe nicht mit einem Stab stützt, hängen sie elegant über, brauchen dann aber auch viel Platz. So eignen sich diese Orchideen optimal für den Wintergarten oder das Gewächshaus.

**S. 72**

## *Im Reich der Dendrobien*

**Unter den Orchideen** gehören Dendrobien zur artenreichsten und weitverbreitetsten Gattung. Ihr Lebensraum erstreckt sich von Indien über Indochina und Japan bis nach Neuguinea. Auch in der Größe variiert *Dendrobium* erheblich. Während die größeren Naturformen einen Durchmesser von einem halben Meter und mehr erreichen können, werden manche Fensterbankkulturen nur wenige Zentimeter groß.

**S. 74**

## *Frauenschuh-Orchideen*

**Diese tropischen, auch Venusschuhe genannten Orchideen,** sind mit ihrer prägnanten schuh- oder beutelförmigen Lippe unverkennbar. Auf der Fensterbank gedeihen *Paphiopedilum*- und *Phragmipedium*-Arten am besten. Die Kulturansprüche dieser Pflanzen sind je nach Herkunft etwas unterschiedlich.

53

# PORTRÄTS  *alles Wissenswerte*

# *Phalaenopsis*
## SCHMETTERLINGS-ORCHIDEEN

## *Phalaenopsis Little Emperor*

**Standort & Pflege**  Ein Ost- oder Westfenster ist der ideale Standort. Einmal in der Woche kräftig gießen und dabei Staunässe vermeiden, damit die Wurzeln nicht faulen.
**Wuchsform**  Monopodial, 3 bis 5 Blätter mit einer Blattspanne von ca. 30 cm.
**Blütenstand & Blüten**  2 bis 6 verzweigte, nachblühende Blütenstände von ca. 30 cm Länge. Blüten: 12 bis 25 pro Blütenstand mit einem Durchmesser von 3 bis 4 cm. Blühdauer: 4 bis 6 Monate.
**Besonderheit**  Eine in Taiwan gezüchtete Mini-*Phalaenopsis*.

## *Doritaenopsis-Hybride*

**Standort & Pflege**  Hell, aber nicht sonnig. Staunässe beim Gießen vermeiden.
**Wuchsform**  Monopodial, 3 bis 5 Blätter mit einer Blattspanne von ca. 30 cm.
**Blütenstand & Blüten**  1 bis 2 meist unverzweigte Blütenstände von ca. 60 cm Länge. Blüten: 12 bis 25 pro Blütenstand. Blühdauer: 4 bis 6 Monate.
**Besonderheit**  *Doritis pulcherrima* wurde in verschiedene *Phalaenopsis*-Hybriden eingekreuzt und vererbte intensivere Farben und reichere Blütenfülle.

*Eine große Vielfalt an Farben und Formen, lange Blühdauer und einfache Pflege machen die Phalaenopsis zur Topfpflanze Nr. 1 in aller Welt. Keine andere Blume ist so beliebt wie diese aus Südostasien stammende Pflanze.*

## *Phalaenopsis Semi-Alba-Form*

**Standort & Pflege** Ein halbschattiges Fenster mit Morgen- oder Abendsonne. Ansonsten muss mittags schattiert werden.
**Wuchsform** Monopodial, bei einer Blattspanne von 30 bis 40 cm und 3 bis 5 Blättern.
**Blütenstand & Blüten** 2 bis 3 unverzweigte Blütenstände von ca. 40 cm Länge. Blüten: 5 bis 15 pro Blütenstand mit einem Durchmesser von 5 bis 10 cm. Blühdauer: 4 bis 6 Monate.
**Besonderheit** Der Name Semi-Alba-Form bedeutet, dass Teile der Blütenblätter weiß sind.

## *Phalaenopsis Ever-Spring-Light*

**Standort & Pflege** Hell, aber nicht sonnig. Während des Wachstums sollte regelmäßig gegossen und gedüngt werden.
**Wuchsform** Monopodial, 3 bis 5 Blätter mit einer Blattspanne von ca. 30 cm.
**Blütenstand & Blüten** Meist unverzweigte, reichblühende Blütenstände mit einer Länge von ca. 50 cm. Blüten: 6 bis 12 pro Blütenstand mit 6 bis 7 cm Durchmesser. Blühdauer: 4 bis 6 Monate.
**Besonderheit** Wegen der auffälligen Blütenflecken wird sie auch „Harlekin-*Phalaenopsis*" genannt.

# PORTRÄTS | *alles Wissenswerte*

## *Phalaenopsis Fortune Sara*

**Standort & Pflege**  Ein halbschattiges Fenster an West- oder Ostseite, ansonsten mittags schattieren. Einmal in der Woche kräftig gießen und dabei Staunässe möglichst vermeiden.
**Wuchsform**  Monopodial wachsende Pflanze mit 3 bis 5 Blättern und einer Blattspanne von ca. 50 cm.
**Blütenstand & Blüten**  1 bis 3 reichblühende, verzweigte Blütenstände von ca. 50 cm Länge. Blüten: 7 bis 12 pro Blütenstand mit einem Durchmesser von 3 bis 6 cm. Blühdauer: 4 bis 6 Monate.
**Besonderheit**  Eine Elternpflanze der modernen „Harlekin-*Phalaenopsis*". Diese Pflanzen sind sehr variabel in der Ausprägung und Färbung der Punkte bzw. Flecken.

## *Phalaenopsis stuartiana*

**Standort & Pflege**  Ein großes, helles Fenster oder im Wintergarten, am besten hängend in einer Ampel. Die Pflanze sollte nie ganz austrocknen und während der Wachstumszeit regelmäßig gedüngt werden.
**Wuchsform**  Monopodial mit 3 bis 7 graugrün marmorierten Blättern und einer Blattspanne von ca. 50 cm.
**Blütenstand & Blüten**  1 bis 2 stark verzweigte, etwa 120 cm lange, überhängende Blütenstände. Blüten: 25 bis 50 pro Blütenstand mit einem Durchmesser von 4 bis 6 cm. Bei großen Pflanzen können bis zu 100 Blüten und mehr an einer Pflanze stehen. Blühdauer: 2 bis 3 Monate.
**Besonderheit**  Es handelt sich bei der *Phalaenopsis stuartiana* um eine Naturform von der philippinischen Insel Mindanao.

## *Phalaenopsis bellina*

**Standort & Pflege** Hell, aber nicht sonnig. Gleichmäßig feucht halten und nie über die Blätter gießen.
**Wuchsform** Monopodial bei einer Blattspanne von ca. 60 cm und 3 bis 5 Blättern.
**Blütenstand & Blüten** 3 bis 6 unverzweigte, etwa 20 cm lange, nachblühende Blütenstände. Blüten: 1 bis 2 pro Blütenstand mit einem Durchmesser von 5 bis 6 cm. Die Blühdauer erstreckt sich über viele Monate, da sich an der Spitze des Blütenstandes immer eine Blüte nach der anderen bildet.
**Besonderheit** Eine Naturform aus Borneo und der malaysischen Halbinsel. Die Blütenstände erst abschneiden, wenn sie trocken werden. Manchmal machen die Pflanzen eine Blühpause von mehreren Monaten.

## *Phalaenopsis equestris*

**Standort & Pflege** Helles Fenster ohne Mittagssonne. Wöchentlich kräftig gießen, dabei Staunässe vermeiden und während der Wachstumszeit regelmäßig düngen.
**Wuchsform** Monopodial, bei einer Blattspanne ca. 30 cm und 3 bis 5 Blättern.
**Blütenstand & Blüten** 2 bis 4 meist verzweigte Blütenstände mit ca. 60 cm Länge. Blüten: 12 bis 25 pro Blütenstand mit einem Durchmesser von 2 bis 3 cm und über mehrere Jahre nachblühend.
**Besonderheit** Naturform aus Taiwan und von den Philippinen. Die Blütenstände bilden immer neue Knospen und manchmal auch kleine Pflanzen, Kindel genannt, die man abnehmen kann, wenn die Wurzeln etwa fingerlang sind.

## PORTRÄTS    | *alles Wissenswerte*

# FARBENFROHE
# *Cambria*

## *Oncostelopsis 'Fiona Isler'*

**Standort & Pflege** Großes Ost- oder Westfenster oder im Wintergarten. Im Sommer gern im Garten an einem halbschattigen Standort.
**Wuchsform** Sympodial, recht kompakt mit einer Blattlänge von 40 bis 50 cm und seitlich abgeflachten Bulben mit zahlreichen Hüllblättern.
**Blütenstand & Blüten** 1 bis 2 Blütenstände an den neuen Bulben mit einer Höhe von 40 bis 50 cm. Leicht überhängende, unverzweigte Blütenstände mit 20 bis 25 Blüten. Blühdauer: 6 bis 8 Wochen.

## *Oncidium 'Sharry Baby'*

**Standort & Pflege** Helles Fenster ohne Mittagssonne. Im Halbschatten übersommern.
**Wuchsform** Sympodial, dicht stehende seitlich abgeflachte Bulben mit 3 bis 4 Blättern und zahlreichen Hüllblättern.
**Blütenstand & Blüten** 1 bis 2 meist verzweigte, reichblühende Blütenstände von ca. 60 cm Länge. Blüten: 20 bis 50 pro Blütenstand. Blühdauer: 2 bis 3 Monate.
**Besonderheit** 1983 in Hawaii gezüchtete Hybride mit intensivem Schokoladenduft.

*Vor allem aus Holland kommen viele Orchideen unter dem Handelsnamen „Cambria" zu uns. Der Name geht auf eine englische Hybride aus dem Jahre 1930 zurück, die zahlreiche Preise gewann: Vuylstekeara Cambria.*

## *Lemboglossum bictoniense*

**Standort & Pflege** Ein großes halbschattiges Fenster oder im Wintergarten. Während des Wachstums regelmäßig gießen und düngen.
**Wuchsform** Sympodial, recht kompakt mit einer Blattlänge von 50 bis 70 cm und dicken rundlichen Bulben mit zahlreichen Hüllblättern.
**Blütenstand & Blüten** 1 bis 2 aufrechte, unverzweigte Blütenstände mit einer Höhe von 80 bis 120 cm und 20 bis 25 Blüten. Der Durchmesser pro Blüte beträgt etwa 5 cm. Blühdauer: 6 bis 8 Wochen.

## *Rossioglossum grande*

**Standort & Pflege** Großes helles Fenster ohne Mittagssonne. Übersommerung im Garten oder auf dem Balkon an einem halbschattigen Standort möglich.
**Wuchsform** Sympodial, kompakte rundliche Bulben mit zahlreichen Hüllblättern und einer Blattlänge von 50 bis 70 cm.
**Blütenstand & Blüten** 1 bis 2 aufrechte, verzweigte Blütenstände an den neuen Bulben in Höhe von etwa 80 bis 120 cm. Pro Blütenstand entwickeln sich 10 bis 25 wachsartige und glänzende Blüten mit jeweils etwa 15 cm Durchmesser. Blühdauer: 8 bis 10 Wochen.

# PORTRÄTS | *alles Wissenswerte*

## *Oncidium ornithorhynchum*

**Standort & Pflege** Großes halbschattiges Fenster. Im Sommer gern im Garten an einem halbschattigen Standort. Gut als Ampelpflanze geeignet, dabei nie ganz austrocknen lassen.
**Wuchsform** Sympodial, kompakter Wuchs bei einer Blattlänge von 30 bis 50 cm und dicken rundlichen Bulben mit zahlreichen Hüllblättern.
**Blütenstand & Blüten** 2 bis 4 stark verzweigte, überhängende Blütenstände an den neuen Bulben mit einer Länge von 30 bis 50 cm. Pro Blütenstand bilden sich 30 bis 50 stark duftende Blüten mit jeweils etwa 2,5 cm Durchmesser. Blühdauer: 4 bis 6 Wochen.
**Besonderheit** Naturform aus Mittel- und Südamerika.

## *Psychopsis kramerianum*

**Standort & Pflege** Helles Fenster ohne direkte Sonne. Am besten in eine flache Schale setzen. Vorsicht beim Gießen: Die Neutriebe sind sehr empfindlich und die Wurzeln vertragen keine Staunässe.
**Wuchsform** Sympodial, kleine dicke rundliche Bulben mit einer Blattlänge von 25 bis 30 cm.
**Blütenstand & Blüten** Ein aufrechter, unverzweigter Blütenstand pro Bulbe in Höhe von 30 bis 50 cm. Pro Blütenstand zeigt sich immer nur eine Blüte geöffnet. Den Blütenstand erst abschneiden, wenn er völlig trocken geworden ist. Die Einzelblüte mutet sehr bizarr an und durchmisst ca. 10 cm.
**Besonderheit** Naturform aus Mittel- und Südamerika.

## *Gomesa varicosa*

**Standort & Pflege**  Hell, aber nicht sonnig oder im warmen Wintergarten.
**Wuchsform**  Sympodial mit seitlich abgeflachten Bulben. Der neue Trieb ist immer etwas höher als der ältere und verleiht der Pflanze einen leicht kletternden Wuchs. Die Blattlänge beträgt 25 bis 30 cm.
**Blütenstand & Blüten**  2 bis 4 überhängende, verzweigte Blütenstände pro neuer Bulbe in Höhe von 80 bis 150 cm. Pro Blütenstand bilden sich 50 bis 120 Einzelblüten.
**Besonderheit**  Eine Naturform aus Brasilien. Alle brasilianischen Oncidien werden seit Kurzem unter dem Namen *Gomesa* geführt, im Handel findet man sie häufig noch als *Oncidium varicosum*.

## *Aliceara-Hybride 'Samurai'*

**Standort & Pflege**  Helles Fenster mit Morgen- oder Abendsonne, ansonsten mittags schattieren. Während des Wachstums regelmäßig gießen und düngen.
**Wuchsform**  Sympodial, seitlich abgeflachte Bulben mit einer Blattlänge von 30 bis 40 cm.
**Blütenstand & Blüten**  2 bis 4 unverzweigte Blütenstände pro neuer Bulbe mit einer Höhe von etwa 40 bis 50 cm. Pro Blütenstand bilden sich 10 bis 15 Einzelblüten.
**Besonderheit**  Diese großartige Hybride aus mehreren Gattungen wurde auf Hawaii gezüchtet. An langen, aufrechten Stielen stehen die meist mittelgroßen Blüten in einem Abstand, in dem sie sich sehr schön präsentieren können.

## PORTRÄTS    | *alles Wissenswerte*

# Miltoniopsis
## STIEFMÜTTERCHEN-ORCHIDEEN

### *Miltonia spectabilis*

**Standort & Pflege** Helles Ost- oder Westfenster oder im Wintergarten. Im Sommer gern an einem halbschattigen Platz im Garten stellen.
**Wuchsform** Sympodial, seitlich abgeflachte, dicht stehende Bulben mit zahlreichen Hüllblättern und einer Blattlänge von 30 bis 40 cm.
**Blütenstand & Blüten** 2 bis 4 aufrechte, unverzweigte Blütenstände pro neuer Bulbe mit einer Höhe von 40 bis 50 cm. Pro Blütenstand zeigen sich 5 bis 10 Einzelblüten.

### *Bratonia Shelob 'Tolkien'*

**Standort & Pflege** Ein halbschattiges Fenster ist optimal, aber auch im Wintergarten fühlt sich die *Bratonia* wohl.
**Wuchsform** Sympodial, seitlich abgeflachte Bulben mit einer Blattlänge von 30 bis 40 cm.
**Blütenstand & Blüten** 2 bis 4 aufrechte, unverzweigte 40 bis 50 cm hohe Blütenstände pro neuer Bulbe und 5 bis 10 Einzelblüten pro Blütenstand.
**Besonderheit** Diese bizarr anmutende Hybride wurde nach einem spinnenförmigen Monster aus J. R. R. Tolkiens berühmtem „Herr der Ringe" benannt.

*Früher wurden die brasilianischen Arten wie auch die aus den Nebelwäldern der Anden stammenden Orchideen unter dem Namen Miltonia zusammengefasst. Die Stiefmütterchen-Orchideen heißen jetzt Miltoniopsis.*

## Zygopetalum-Hybride 'Louisendorf'

**Standort & Pflege** Großes Ost- oder Westfenster oder im Wintergarten. Während des Wachstums regelmäßig gießen und düngen, dabei Staunässe vermeiden.
**Wuchsform** Sympodial, rundliche Bulben mit zahlreichen Hüllblättern und einer Blattlänge von 50 bis 60 cm.
**Blütenstand & Blüten** 2 bis 4 aufrechte, unverzweigte 60 bis 70 cm hohe Blütenstände pro neuer Bulbe und 10 bis 15 Einzelblüten daran.

## Aspasia lunata

**Standort & Pflege** Ein halbschattiges Fenster oder im Wintergarten, ständig leicht feucht halten.
**Wuchsform** Sympodial, seitlich flache Bulben mit 2 bis 30 cm langen Blättern und zahlreichen Hüllblättern.
**Blütenstand & Blüten** 1 bis 2 Blütenstände von ca. 30 cm Länge. Blüten: 1 bis 3 pro Blütenstand mit 7 bis 8 cm Durchmesser. Blühdauer: 1 bis 2 Monate.
**Besonderheit** Kühltemperierte Naturform aus dem Norden Brasiliens.

# PORTRÄTS   | *alles Wissenswerte*

## *Miltonia 'Goodale Moir'*

**Standort & Pflege** Helles Ost- oder Westfenster oder im Wintergarten. Im Sommer mag diese Orchidee den Aufenthalt an einem halbschattigen Platz im Garten.
**Wuchsform** Sympodial, seitlich abgeflachte, dicht stehende Bulben mit zahlreichen Hüllblättern und einer Blattlänge von 30 bis 40 cm.
**Blütenstand & Blüten** 2 bis 4 aufrechte, unverzweigte 40 bis 50 cm hohe Blütenstände mit 5 bis 10 Einzelblüten pro neuer Bulbe.
**Besonderheit** Diese Hybride ist eine Kreuzung aus der blassgelben *Miltonia flavescens* mit der braungefleckten *Miltonia clowesi*. Nach wenigen Jahren guter Pflege erhält man eine große Schaupflanze mit vielen hundert Blüten.

## *Miltonia clowesii*

**Standort & Pflege** Helles, großes Fenster oder Wintergarten, gleichmäßig feucht, aber nicht nass halten, im Sommer gern im Garten im Halbschatten.
**Wuchsform** Sympodial, seitlich abgeflachte Bulben mit 20 bis 40 cm langen Blättern und 4 bis 6 Hüllblättern.
**Blütenstand & Blüten** 1 bis 2 meist unverzweigte Blütenstände von ca. 60 cm Länge. Blüten: 6 bis 10 pro Blütenstand mit 5 bis 7 cm Durchmesser, nacheinander aufblühend. Blühdauer: 2 bis 3 Monate.
**Besonderheit** Naturform aus Brasilien, die bei guter Pflege schnell große Schaupflanzen bilden, die dann rundherum blühen.

## *Miltoniopsis phalaenopsis*

**Standort & Pflege**  Kühles Ost- oder Westfenster oder im Wintergarten. Es sollte für eine hohe Luftfeuchtigkeit gesorgt werden, da sonst ein ziehharmonikaartiger Knitterwuchs an den Blättern entsteht. Regelmäßig gießen, die Pflanze darf nie ganz austrocknen.
**Wuchsform**  Sympodial, seitlich abgeflachte, dicht stehende Bulben mit zahlreichen Hüllblättern und einer Blattlänge von 30 bis 40 cm.
**Blütenstand & Blüten**  2 bis 4 aufrechte, unverzweigte 40 bis 50 cm hohe Blütenstände pro neuer Bulbe. Blüten: 5 bis 10 Einzelblüten.
**Besonderheit**  Die *Miltoniopsis phalaenopsis* ist eine Naturform aus den Nebelwäldern Kolumbiens.

## *Miltoniopsis* 'Le Nez Point'

**Standort & Pflege**  Kühles Ost- oder Westfenster oder im Wintergarten. Es sollte für eine hohe Luftfeuchtigkeit gesorgt werden. Der Pflanzstoff darf nie austrocknen.
**Wuchsform**  Sympodial wachsende Orchidee mit seitlich abgeflachten, dicht stehenden Bulben und zahlreichen Hüllblättern. Die Blattlänge beträgt 30 bis 40 cm.
**Blütenstand & Blüten**  2 bis 4 aufrechte, unverzweigte Blütenstände pro neuer Bulbe in einer Höhe von 40 bis 50 cm. Pro Blütenstand bilden sich 5 bis 10 Einzelblüten.
**Besonderheit**  Die *Miltoniopsis* 'Le Nez Point' ist eine Züchtung der Eric Young Orchid Foundation auf der Kanalinsel Jersey vor Großbritannien.

## PORTRÄTS    | *alle Extras*

**Angraecum eburneum**  Die Gattung *Angraecum* stammt aus Zentralafrika, Madagaskar und Mauritius.

# FACHBEGRIFFE
# UND *bizarre Blüten*

Die unterschiedlichen Lebensräume der Orchideen führten zu unterschiedlichsten Anpassungen. Unter den Orchideen gibt es solche, die wie alle „normalen" Pflanzen in der Erde wurzeln. Hierzu gehören alle Erd-Orchideen, die bei uns in Europa vorkommen. Andere Orchideen sind der Konkurrenz um den Lebensraum ausgewichen, indem sie als sogenannte „Lithophyten" Steine und Felsen besiedelten. Wieder andere passten sich an den Lebensraum hoch in den Bäumen, weit entfernt vom Erdboden an. Sie wurden zu „Epiphyten". Zu diesen Anpassungen gehören das saugfähige Velamen der Wurzeln, die „Pseudobulben" genannten verdickten Sprossknollen und einige besondere Anpassungen bezüglich des Stoffwechsels.

## Die Vielfalt der Hybriden

In keiner anderen Pflanzengruppe konnte man durch Kreuzung und Selektion eine derartig große Vielfalt an künstlichen Hybriden züchten wie bei den Orchideen. Den etwa 30 000 Naturformen stehen mittlerweile mehr als 120 000 bei der Royal Horticultural Society in London registrierte Hybriden gegenüber. Dabei handelt es sich sowohl um Kreuzungen innerhalb einer Gattung, wie z. B. bei *Phalaenopsis*-Hybriden als auch um solche zwischen verschiedenen Gattungen, wie z. B. *Sophrolaeliocattleya* (*Sophronitis* x *Laelia* x *Cattleya*). Diese künstlichen Hybriden, wurden gezüchtet, um besonders gut zu wachsen, reich zu blühen und leicht kultivierbar zu sein.

## Einige Fachbegriffe aus der Orchideenwelt

**Epiphyt** Pflanze, die auf der Rinde einer anderen wächst, ohne eine parasitische Beziehung zum Wirt zu haben. Auch Tillandsien und Bromelien auf der Rinde von Bäumen zählen dazu.
**Hybride** Kreuzung zwischen zwei Orchideen-Arten oder -gattungen. Orchideen sind eine der wenigen Pflanzenfamilien, in denen Kreuzungen auch zwischen den Gattungen möglich sind.
**Lippe** Meist als Landeplatz für die bestäubenden Insekten ausgebildetes Blütenblatt, das sich oft von den anderen Blütenblättern unterscheidet. Bei den Frauenschuh-Orchideen bildet die Lippe den „Schuh".
**Lithophyt** Pflanze, die auf Steinen und Felsen wächst.
**Meristem** Eigentlich ein Stück des Teilungsgewebes aus dem Neuaustrieb, dem Herz der Pflanze oder der Wurzelspitze, mit dem man nach einem besonderen Verfahren durch Gewebekultur Pflanzen vermehren kann.
**Petalen** Die drei inneren Blütenblätter, von denen eines meist zur Lippe ausgebildet ist.
**Säule** Bei Orchideen sind die Staubblätter mit dem Griffel und der Narbe zu einem Organ, der Säule, zusammengewachsen.
**Sepalen** Die drei Blütenblätter des äußeren Blütenkreises. Bei einigen Orchideen sind die teilweise seitlichen Sepalen zusammengewachsen.

**Brassia verrucosa** Die etwa 30 Arten dieser Gattung werden häufig als „Spinnen-Orchideen" bezeichnet.

**Masdevallia 'Fancy Pants'** Sie stammen zum größten Teil aus den Hochgebirgsregionen Südamerikas.

**Vanda-Hybride 'Magic Blue'** Die Gattung *Vanda* und ihre Verwandten sind auch als „Vandeen" bekannt.

PORTRÄTS    | *alles Wissenswerte*

# Cymbidium
## FERNÖSTLICHE SCHÖNHEITEN

## *Cymbidium-Hybride 'Shell Pearl'*

**Standort & Pflege** Helles Fenster oder kühler Wintergarten. Mitte Mai bis Ende September gern im Garten übersommern.
**Wuchsform** Sympodial, große rundliche, dicht stehende knotige Bulben mit zahlreichen Hüllblättern und einer Blattlänge von 50 bis 100 cm.
**Blütenstand & Blüten** 2 überhängende, etwa 100 cm lange Blütenstände mit 15 bis 20 Einzelblüten an den neuen Bulben.
**Besonderheit** Die Pflanzen sollten möglichst alle 2 bis 3 Jahre umgepflanzt und wenn nötig geteilt werden.

## *Cymbidium lowianum*

**Standort & Pflege** Helles, großes Fenster oder Wintergarten, regelmäßig gießen und düngen.
**Wuchsform** Sympodial, rundliche Bulben mit 24 bis 60 cm langen Blättern und 4 bis 6 Hüllblättern.
**Blütenstand & Blüten** 1 bis 2 Blütenstände von ca. 100 cm Länge pro neuer Bulbe. Blüten: 10 bis 20 Blüten pro Blütenstand. Blühdauer: 2 bis 3 Monate.
**Besonderheit** Naturform aus Thailand und Burma, die lange haltbaren Blüten werden gern für Gestecke verwendet.

*Im Spätherbst und Winter erfreuen uns die lange haltbaren Cymbidium-Blüten, die wegen ihres exotischen Charmes gern in Gestecken verwendet werden. Im Wintergarten blühen sie bis in den Frühling hinein.*

## Cymbidium parishii

**Standort & Pflege**  Heller, kühler Wintergarten. Im Sommer an einen halbschattigen Standort in den Garten stellen.
**Wuchsform**  Sympodial, große rundliche, dicht stehende knotige Bulben mit zahlreichen Hüllblättern mit einer Blattlänge von 50 bis 100 cm.
**Blütenstand & Blüten**  2 überhängende etwa 100 cm lange Blütenstände mit 10 bis 20 Einzelblüten an den neuen Bulben. Die Einzelblüte hat einen Durchmesser von ca. 10 cm.
**Besonderheit**  Eine große Naturform aus Indien und Burma.

## Cymbidium finlaysonianum

**Standort & Pflege**  Helles, großes Fenster oder Wintergarten, gut als Ampelpflanze geeignet.
**Wuchsform**  Sympodial, seitlich abgeflachte Bulben mit 20 bis 40 cm langen Blättern und 4 bis 6 Hüllblättern.
**Blütenstand & Blüten**  1 bis 2 überhängende Blütenstände von ca. 80 cm Länge pro neuer Bulbe. Blüten: 10 bis 30 Blüten pro Blütenstand mit einem Durchmesser von 5 bis 7 cm. Blühdauer: 2 bis 3 Monate.
**Besonderheit**  Naturform aus Südostasien von Indien über Indochina und Malaysia bis Borneo mit hängenden Blütenständen.

PORTRÄTS    | *alles Wissenswerte*

# DUFT- UND *Cattleya* BLÜHWUNDER

## *Cattleya labiata*

**Standort & Pflege** Helles Fenster oder im Wintergarten. Im Sommer gern Aufenthalt im Garten. Wichtig: Nach Ausbildung des Neutriebs weniger gießen.
**Wuchsform** Sympodial, zylindrische, dicht stehende Bulben mit einer Blattlänge von 15 bis 20 cm.
**Blütenstand & Blüten** Ein 10 bis 15 cm hoher Blütenstand pro neuer Bulbe mit 3 bis 5 Einzelblüten. Der Durchmesser der Einzelblüten kann bis zu 20 cm betragen.
**Besonderheit** Großblütige *Cattleya* aus Brasilien und Venezuela.

## *Cattlianthe* 'Maricana'

**Standort & Pflege** Helles Fenster oder im Wintergarten. Im Sommer Aufenthalt an einem halbschattigen Platz im Garten. Nach Ausbildung des Neutriebs weniger gießen.
**Wuchsform** Sympodial, zylindrische, dicht stehende Bulben mit einer Blattlänge von 15 bis 20 cm.
**Blütenstand & Blüten** Ein etwa 10 bis 15 cm hoher Blütenstand pro neuer Bulbe mit 3 bis 5 Einzelblüten.
**Besonderheit** Die *Cattlianthe* 'Maricana' ist eine Mini-*Cattleya* mit leuchtenden Farben und kann zweimal pro Jahr blühen.

*Cattleya-Arten waren im viktorianischen Zeitalter der Inbegriff der Orchidee. Ganze Heerscharen von Pflanzensammlern wurden ausgeschickt, sie zu suchen und nach Europa zu bringen.*

## *Cattleya luteola*

**Standort & Pflege** Ein helles Fenster mit Morgen- oder Abendsonne, ansonsten mittags schattieren. Nach der Ausbildung des Neutriebs sollte eine 4-wöchige Ruhepause für die Pflanze eingehalten werden.
**Wuchsform** Sympodial, zylindrische, dicht stehende Bulben mit jeweils zwei Blättern und einer Blattlänge von 5 bis 10 cm.
**Blütenstand & Blüten** Ein 5 bis 7 cm höher Blütenstand pro neuer Bulbe mit ca. 3 bis 5 Einzelblüten in einem jeweiligen Durchmesser von etwa 5 cm.
**Besonderheit** Klein und kompakt wachsende Naturform aus dem nördlichen Südamerika.

## *Cattleya mossiae*

**Standort & Pflege** Ein helles, aber nicht sonniges Fenster oder ein schattiger Wintergarten. Im Sommer gern Aufenthalt an einem halbschattigen Platz im Garten. Nach der Wachstumszeit sollte eine 4-wöchige Ruhepause für die Pflanze eingehalten werden, d. h. das Gießen reduzieren und nicht düngen.
**Wuchsform** Sympodial, zylindrische, dicht stehende Bulben mit jeweils einem Blatt. 12 bis 15 cm. Blattlänge: 12 bis 15 cm.
**Blütenstand & Blüten** Ein Blütenstand von 10 bis 15 cm Höhe pro neuer Bulbe und 3 bis 5 Einzelblüten mit jeweils 15 cm Durchmesser.

# PORTRÄTS    | *alles Wissenswerte*

# ARTENREICHE
# *Dendrobium*

## *Dendrobium 'NTUC Income'*

**Standort & Pflege**  Helles, sonniges Fenster. Während des Wachstums regelmäßig düngen.
**Wuchsform**  Sympodial, zylindrische, dicht stehende Bulben mit 4 bis 8 Blättern an der Spitze und einer Blattlänge von 5 bis 10 cm.
**Blütenstand & Blüten**  1 bis 3 etwa 15 bis 20 cm hohe Blütenstände an alten und neuen Bulben mit 10 bis 15 Einzelblüten im Durchmesser von 5 cm.
**Besonderheit**  Eine Hybride aus der *Dendrobium-phalaenopsis*-Gruppe aus Australien.

## *Dendrobium cuthbertsonii*

**Standort & Pflege**  Helles Fenster ohne Mittagssonne, Temperatur nie über 25 °C, für hohe Luftfeuchtigkeit sorgen.
**Wuchsform**  Sympodial, 4 bis 6 ledrige, leicht warzige 2 bis 3 cm lange Blätter an 4 bis 5 cm langen Stämmchen.
**Blütenstand & Blüten**  1 bis 2 Blüten pro Bulbe mit 3 bis 4 cm Durchmesser. Blühdauer: 3 bis 4 Monate.
**Besonderheit**  Kühltemperierte Naturform aus dem Hochland Papua-Neuguineas.

*Von den Hängen des Himalayas bis zu den Fiji-Inseln und von China bis Australien reicht der Lebensraum dieser großen Orchideengruppen. Zahlreiche Naturformen und Hybriden verschönern unser Zuhause.*

## Dendrobium-nobile-Hybride

**Standort & Pflege** Helles, sonniges Fenster, im Sommer mittags schattieren. Während des Wachstums regelmäßig düngen.
**Wuchsform** Sympodial, zylindrische, dicht stehende knotige Bulben mit ca. 20 Blättern entlang der Seiten der Bulbe.
**Blütenstand & Blüten** Zahlreiche Blütenstände mit 10 bis 20 Einzelblüten an alten und neuen Bulben aus den Blattachseln.
**Besonderheit** Hybride aus der *Dendrobium-nobile*-Gruppe der Himalaya-Region.

## Dendrobium-antennatum-Hybride

**Standort & Pflege** Helles, aber nicht sonniges Fenster. Ansonsten mittags schattieren.
**Wuchsform** Sympodial, zylindrische, dicht stehende knotige Bulben mit 5 bis 6 cm langen Blättern am oberen Drittel.
**Blütenstand & Blüten** 2 bis 3 überhängende Blütenstände an der Spitze der alten und neuen Bulben mit 10 bis 20 Einzelblüten.
**Besonderheit** Wegen der gedrehten Petalen als „Antilopen-*Dendrobium*" bezeichnete Gruppe aus Papua-Neuguinea und Australien.

PORTRÄTS  | *alles Wissenswerte*

# FRAUENSCHUH-ORCHIDEEN *Paphiopedilum*

## *Paphiopedilum-Hybriden*

**Standort & Pflege**  Schattiges oder halbschattiges Fenster. Wichtig: Alle 2 Jahre umtopfen, niemals in den Blattachseln Wasser stehen lassen.
**Wuchsform**  Sympodial mit Blattfächern und einer Blattlänge von 10 bis 20 cm.
**Blütenstand & Blüten**  Jeweils ein 15 bis 30 cm hoher Blütenstand aus der Mitte der Blätter.
**Besonderheit**  Die Arten mit gefleckten Blättern lieben es etwas wärmer, solche mit rein grünen Blättern bevorzugen etwas kühlere Standorte.

## *Paphiopedilum lowii*

**Standort & Pflege**  Halbschattiges Fenster, gleichmäßig feucht halten, alle 2 Jahre umtopfen.
**Wuchsform**  Sympodial, 4 bis 6 ledrige, fächerartig angeordnete Blätter, Neutriebe an der Basis des bulbenlosen Alttriebs.
**Blütenstand & Blüten**  Jeweils ein Blütenstand von 80 bis 100 cm Länge aus dem Neutrieb. Blüten: 6 bis 10 nacheinander aufblühend mit 8 bis 10 cm Durchmesser.
**Besonderheit**  Frauenschuh-Naturform aus Malaysia und Indonesien.

*Die Frauenschuh-Orchideen bezaubern durch ihre ungewöhnlichen Blüten und durch die Vielfalt an Formen und Farben. Sie sind eine schöne Ergänzung jeder Orchideensammlung auf der Fensterbank.*

## *Paphiopedilum-concobellatulum*

**Standort & Pflege** Schattiges oder halbschattiges Fenster. In einen kleinen Topf oder in eine flache Schale setzen. Wichtig: Niemals in den Blattachseln Wasser stehen lassen.
**Wuchsform** Sympodial mit Blattfächern und einer Blattlänge von 10 bis 20 cm.
**Blütenstand & Blüten** Jeweils ein 5 bis 10 cm hoher Blütenstand aus der Mitte der Blätter.
**Besonderheit** Ursprünglich eine Naturhybride aus Thailand.

## *Phragmipedium besseae*

**Standort & Pflege** Helles Fenster ohne Mittagssonne, gleichmäßig feucht halten. Täglich Untersetzer mit frischem Wasser füllen.
**Wuchsform** Sympodial, 4 bis 6 ledrige, fächerartig angeordnete Blätter.
**Blütenstand & Blüten** Jeweils ein etwa 80 bis 100 cm hoher Blütenstand aus dem Neutrieb, Blüten: 6 bis 10 nacheinander aufblühend mit 5 bis 6 cm Durchmesser.
**Besonderheit** Frauenschuh-Naturform aus Ecuador und Kolumbien.

# SERVICE

## Nützliche Adressen

### Vereine und Informationen

**Vereinigung Deutscher Orchideenfreunde e.V. (V.D.O.F.)**

Geschäftsstelle Rita Jonuleit

Mittel-Carthausen 2

58553 Halver

Tel.: (0 23 53) 13 71 19

www.vdof.de

- Dachverband der angeschlossenen Orchideenvereine.

**Deutsche Orchideen-Gesellschaft e.V.**

Bernd Treder

Im Zinnstück 2

65527 Niedernhausen

Tel.: (0 61 27) 7 05 77 04

E-Mail: dog@orchidee.de

www.orchidee.de

- Einer der ältesten und größten Orchideenvereine Europas bietet Wissenswertes über Ausstellungstermine der D.O.G.

**Österreichische Orchideengesellschaft**

Birkengasse 3

2601 Sollenau

Tel.: + 43 (0) 2 62 84 72 09

E-Mail: orchideen@aon.at

www.orchideen.at

- Der Verein fördert die Kultur, Züchtung und Vermehrung von Orchideen zur Arterhaltung.

**Schweizerische Orchideen-Gesellschaft (SOG)**

Ursula Thaler

Postfach

5000 Aarau

Tel.: +41 (0) 5 66 68 21 10

www.orchideen.ch

- Die SOG vermittelt die Fachzeitschriften ‚Die Orchidee‘, ‚Journal für den Orchideenfreund‘ , ‚L'Orchidée‘ und ‚L'Orchidophile‘.

### Amtliche Pflanzenschutzberatung

Die Pflanzenschutzdienste beraten in allen Fragen des Pflanzenschutzes und der Pflanzenschutztechnik. Weitere Adressen unter: www.pflanzenschutzdienst.de

**Hamburg**

Pflanzenschutzamt Hamburg

Ohnhorststraße 18

22609 Hamburg

Tel.: (0 40) 42 81 65 90

E-Mail: pflanzenschutz@iangbot.uni-hamburg.de

www.forst-hamburg.de/pflanzenschutzamt.htm

**Baden-Württemberg**

Landesanstalt für Pflanzenschutz

Reinsburgstr. 107

70197 Stuttgart

Tel.: (0 18 05) 19 71 97 46

www.landwirtschaft-mlr.baden-wuerttemberg.de

### Nützlinge

Hier erhalten Sie im Kampf gegen Blattläuse und Co. tierische Unterstützung durch Nützlinge.

**Katz Biotech AG**

An der Birkenpfuhlheide 10

15837 Baruth

Tel.: (0 33 70 4) 6 75 10

E-Mail: info@katzbiotech.de

www.katzbiotechservices.de

## *Pflanzen und Zubehör*

Eine große Auswahl an Orchideen und dazugehörigem Zubehör bieten Ihnen die folgenden Gärtnereien:

**Niederlausitzer Orchideen**
und Tillandsien
Gärtnerei Lehradt
Lutz Lehradt
Allmosener Hauptstr. 3
01983 Großräschen / Allmosen
Tel.: (03 57 53) 1 45 40
E-Mail: shop@orchideen-lehradt.de
www.orchideen-lehradt.de

**Orchideen-Garten**
Marei Karge-Liphard
Bahnhofstraße 24
21368 Dahlenburg
Tel.(0 58 51) 2 66
E-Mail: kontakt@orchideengarten.de
www.orchideengarten.de

**Röllke Orchideenzucht GbR**
Flößweg 11
33758 Schloss Holte - Stukenbrock
Tel.: (0 52 07) 92 05 39
E-Mail: info@roellke-orchideen.de
www.roellke-orchideen.de

**Gärtnerei Haag**
Sabine Haag-Walz
Lerchenfeld 1
70597 Stuttgart
Tel.: (07 11) 7 65 11 14
E-Mail: info@gaertnerei-haag.de
www.gaertnerei-haag.de

**Österreich**
**Gärtnerei Handlbauer**
Mühlbergerstr. 29
4040 Lichtenberg
Tel.: + 43 (0)  72 39 62 83
E-Mail: handlbauer.orchideen@aon.at
http://www.handlbauer.co.at

**Schweiz**
**Weber Orchideen GmbH**
Hofstettenstr. 40
4107 Ettingen
Tel.: + 43 (0)  6 17 31 22 22
E-Mail: info@WeberOrchideen.ch
www.weberorchideen.ch

## *Accessoires*

**Scheurich-Shop**
Robert-Bosch-Str. 14
64711 Erbach
Tel.: (0 60 62) 9 18 72 20
E-Mail: info@scheurich.de
www.scheurich.de
- Alles rund um Ihre Orchideen. Töpfe, Schalen, Pflanzstäbe, Orchideenclips und vieles mehr.

**Der Autor**
Joachim Erfkamp, Jahrgang 1962, studierte von 1982 bis 1990 Biologie und Chemie in Bielefeld und promovierte im  gleichen Jahr in Chemie. Seit 1990 beschäftigt er sich mit Orchideen und ist Mitglied zahlreicher Orchideen-Gesellschaften sowie Redaktionsmitglied der Zeitschrift „Die Orchidee", für die er von 1992 bis 2009 tätig war.

# SERVICE

## Register

**Hervorgehobene** Seitenzahlen verweisen auf Abbildungen.

*Aliceara*-Hybride 'Samurai' 61, **61**
Ampelpflanzen 10 f., **10**
*Aranda* 33, **33**
*Ascocenda* 38
*Aspasia lunata* 63, **63**
Aufbinden 18 f., **19**
Aussaat 41
Auswahl 32 f.
– , Kriterien 25

**B**akterien 46
Bambuskörbchen 10 f., **10**
Begleitpflanzen 9, 16, **34**, 42, 49
Beschattung 17
Blattläuse 45
Blockkultur 18, **19**
Blütenaufbau 13, **13**
Blütenblätter 12, **13**
Botrytis 47, **47**
*Brassia* 17
– *verrucosa* 67, **67**
*Bratonia Shelob* 'Tolkien' 62, **62**
Bulben 11
*Bulbophyllum* 11, 14, 16, 27
– *dearei* 12, **12**

**C**alcium, Nährstoffe 35
*Calypso bulbosa* 33
*Cambria* 45, 58 ff., **58**
*Cattleya* 12 f., 17, 27, 37, 41, 70 ff.
– *labiata* 70, **70**
– *luteola* 71, **71**
– *mossiae* 71, **71**
*Cattlianthe* 'Maricana' 70, **70**
*Chilochista* 18
*Cirrhopetalum* 11
*Coelogyne cristata* 29, **29**
*Cymbidium* 17, 27, 68 ff.
– *finlaysonianum* 69, **69**
– *lowianum* 68, **68**
– *parishii* 69, **69**
– -Hybride 'Shell Pearl' 68, **68**
*Cypripedium macranthos* 33

*Dendrobium* 11, 13, 27, **27**, 37, 41, 45, 72 ff., **72**
– *aphyllum* 11, **11**
– *cuthbertsonii* 72, **72**
– *infundibulum* 42, **42**
– 'NTUC Income' 72, **72**
– -antennatum-Hybride 73, **73**
– -nobile-Hybride 17, 73, **73**
*Dendrochilum glumaceum* 33, **33**
*Disa uniflora* 33
*Doritaenopsis*-Hybride 54, **54**
*Dryadella edwallii* 18, **18**
Düngen 19, 31, 34 f.

**E**inkaufen, Qualität 24
*Epidendrum* 11
– *ballerina* 32, **32**
Erd-Orchideen 33, 66

**F**achbegriffe 66 f.
–, Epiphyt 67
–, Griffel 12, **13**
–, Hybride 67
–, Lippe 12 f., **13**, 67
–, Lithophyt 67
–, Meristem 67
–, Narbe 12, **13**
–, Petalen 67
–, Säule 12, **13**, 67
–, Sepalen 12, **13**, 67
Fensterbankkultur 9
Frauenschuh-Orchideen 74 ff., **74**

**G**ewächshaus 14, 16, 18, 43, 45
Gießen 34 f., 43, 49
*Gomesa varicosa* 32, **32**, 61, **61**
*Gongora* 11

**H**ängende Orchideen 10 f., **10**
Heizung 15
Holz, Pflanzstoffe 18

**I**nspiration 5 ff.

**K**alium, Nährstoffe 35
Kalkflecken 35, **35**
Klima 9, 14, 25, 28 f.
Kokosfaser, Pflanzstoffe 30, **31**
Kork 14
Kübel 17

Kühlen 28
Kultur am Block 18 f., **19**
Kulturbedingungen 9, 42 f.

*Lemboglossum bictoniense* 59, **59**
Licht 9, 17, 43
–, Mangel 26
–, Mengen 26
–, Wechsel 26
Luftfeuchtigkeit 9, 17, 43, 46
Lüftung 15, 17
Luftwurzeln 25, 38, **38**

**M**agnesium, Nährstoffe 35
*Masdevallia* 14, 33, **33**, 67, **67**
– *racemosa* 33
Meristem 67
*Miltonia* 27, 45
– *clowesii* 64, **64**
– 'Goodale *Moir*' 64, **64**
– *spectabilis* 62, **62**
– -Hybriden **26**, 27
Miltonien 37
*Miltoniopsis* 27, **27**, 62 ff., **62**
– 'Le Nez Point' 65, **65**
– *Phalaenopsis* 65, **65**
Minimum-Maximum-Thermometer 29, **29**
Mini-Orchideen 14, 48
Mittelfaden, Wurzeln 37
Monopodial Topfen 38 f., **39**

**N**ährstoffe 30 f., 35
–, Calcium 35
–, Kalium 35
–, Magnesium 35
–, Phosphor 35
–, Stickstoff 35
Neem-Öl, Sprühpräparat 43
Nützlinge 43

**O**dontoglossum 17, 27
– -Hybriden **28**
*Oncidium* 16 f., 27, 45
– *ornithorhynchum* 60, **60**
– 'Sharry Baby' 58, **58**
– -Arten 33
*Oncostelopsis* 'Fiona Isler' 58, **58**
Orchideen aufbinden 18 f.

Orchideen helfen 46 f.
– Topfen 36 ff.
– vermehren 40 f.
Orchideenblüten 12 f.

*Paphiopedilum* 13, 32, **32**, 37, 41, 47, 74 ff., **74**
– *lowii* 74, **74**
– *-conco-bellatulum* 75, **75**
– -Hybriden 74, **74**
Perlite, Pflanzstoffe 30
Petale 12, **13**, 67
Pflanzstoff 19, 30 f., **31**, 36
–, Holz 18
–, Rebholz 18
–, Robinie 18
–, Steinwolle 19
–, Styropor 39
–, Kokosfaser 30, **31**
–, Kork 30
–, Perlite 30
–, Sphagnum **31**
–, Styropor 30
–, Torffaser **31**
–, Vermiculite 30
Pflege 9, 35, 46
Phalaenopsis 10, 12, 17, 24, **24**, 26 f., **26 f.**, 35, **35**, 54 ff., **54**
– *bellina* 57, **57**
– *equestris* 57, **57**
– Ever-Spring-Light 55, **55**
– Fortune Sara 56, **56**
– Little Emperor 54, **54**
– *schilleriana* 10, **11**
– Semi-Alba-Form 55, **55**
– *stuartiana* 10, 56, **56**
– -Hybriden 15, 35, **35**
– *-mariae*-Gruppe 11
– -Naturformen 10
Phosphor, Nährstoffe 35
*Phragmipedium besseae* 75, **75**
Pilze 46
*Pleurothallis* 14
Pollen 12, **13**
Pollinien 12, **13**
Porträts 51 ff., **51**
Praxis 21 ff.
Pseudobulben 13, 36, 66
*Psychopsis kramerianum* 60, **60**

**Q**R-Code, Bastelanleitung 11
–, Grundausstattung 9
–, Jungpflanzen vermehren 41
–, Topfen monopodial 39
–, Topfen sympodial 37
–, Tauchen 35
–, Töpfe 17
–, *Vanilla* Orchideen 33

**R**ebholz, Pflanzstoffe 18
Rhizomstücke 36
Robinie, Pflanzstoffe 18
*Rossioglossum grande* 59, **59**
Rote Spinne, Schädlinge 42

**S**chädlinge 42, 45
–, Blattläuse 45
–, Rote Spinne 42
–, Schildläuse 45, **45**
–, Schmierläuse 45
–, Schnecken 44, **45**
–, Thripse 44
–, Weiße Fliege 42
–, Wollläuse 45
– vorbeugen 43
Schattierung 15, 17, 27 f., 28
Schildläuse, Schädlinge 45, **45**
Schmetterlings-Orchideen 54 ff., **54**
Schmierläuse, Schädlinge 45
Schnecken, Schädlinge 44, **45**
Sonnenbrand **47**
Sprühen 28
Sprühpräparat, Neem-Öl 43
Standort 26, 49
*Stanhopea* 11
Staubblätter 12, **13**
Staunässe 35
Steinwolle, Pflanzstoffe 19
Stickstoff, Nährstoffe 35
Stiefmütterchen-Orchideen 62 ff.
Styropor, Pflanzstoffe 30, 39
Sympodial Topfen 36 f.

**T**auchen 35
Teilen 41, **41**
–, Kopfstecklinge 40 f.
Temperatur 9, 28, 43

–, kühler Bereich 29
–, temperierter Bereich 29
–, warmer Bereich 29
Temperaturzone, kühl 28
–, temperiert 28
–, warm 28
Terrarien 14
– bauen 48 f.
Thripse, Schädlinge 44
Töpfe 10, 39
Topfen 40
–, monopodial 38 f.
–, sympodial 36 f.
Torffaser, Pflanzstoffe **31**
Tropfen, klebrige 46

**Ü**berblick Porträts 52 f.
Überblick Inspiration 6 f.
Überblick Praxis 22 f.
Umtopfen 36, **36**

*Vanda* 12, 27, 38
– Hybride 10, 67, **67**
Velamen 13, 30, 66
Vermiculite, Pflanzstoffe 30
Verpackung 25
Vermehrung 40 f.
–, Aussaat 41
–, Teilen 40 f.
–, Kopfstecklinge 41
Vitrinen 14 f., **14**, 18, 43, 45
Vorbeugen, Schädlinge 43 f.
*Vuylstekeara* 17

**W**eiße Fliege, Schädlinge 42
Wintergärten 16 f., **17**, 42
Wollläuse, Schädlinge 45
Wuchsrichtungen 36, **36**
Wurzeln 25, **25**, 30, 34, 36, 38, **38**
–, Mittelfaden 37
Wurzelschäden 47

**Z**eigerpflanze 34, **34**
Ziehharmonikawuchs 45, **45**
Zimmerkultur 8
*Zygopetalum-Hybride* 'Louisendorf' 63, **63**

# IMPRESSUM

**Bildnachweis**
Mit 117 Farbfotos von
A. Blanke, Goslar: 57 li., 70 li., 71 re.; Deutsche Orchideengesellschaft, Niedernhausen: 60 li., 64 li., 65 re.; Flora Press, Hamburg: 6 u.li., 9, 67 li. und Mi.; Flora Press/Botanical Images: 11 li., 63 re., 69 re.; Flora Press/Botanical Images/Neil Joy: 42; Flora Press/Biosphoto/Frédéric Didilon: 37, 62 re.; Flora Press/Otmar Diez: 15 li.; Flora Press/Flowerphotos/Annemarie Farley: 7 u.re.; Flora Press/Tim Gainey: Umschlaginnenseite; Flora Press/Ute Köhler: 8 li.; Flora Press/Nova Photo Graphik: 8 re., 15 re., 24, 32 li., 44; Flora Press/ Flowerphotos/Carol Sharp: 23 re; Flora Press/The Garden Collektion/Neil Sutherland: 30; Flora Press/Visions: 22 li., 26 re., 58 re, 62 li.; Fotolia/photosite: 28, 53 u.re.; Katrin Friedrichs, Stuttgart: 14; GAP: 59 li., 61 re,; Gartenschatz, Stuttgart: 7 o.li., 19 (alle 6), 23 li., 29 (beide), 31 (alle 3), 35 re., 36 (beide), 38, 39 (alle 3), 40, 41 (beide), 47 o., 52, 53 o.li., 54 (beide), 55 (beide), 59 re., 61 li., 63 li., 65 li., 67 re., 68 li., 69 li., 72 re., 74 re., 75 (beide); Botanikfoto, Berlin/ Steffen Hauser: 3 re., 12 li., 33 li., 50/51, 53 u.li., 57 re., 64 re., 68 re., 70 re.; Kuno Krieger, Herdecke: 34, 35 li., 43; Pixelio/Thorsten Freyer: 2, 4/5, 56 re.; Wolfgang Redeleit, Bienenbüttel: 18, 47 u.; Reinhard Tierfoto/Nils Reinhard, Heiligkreuzsteinach-Eiterbach: 12 re., 32 Mi. und re., 33 re., 56 li., 60 re., 66, 72 li., 73 re., 74 li.; Jürgen Röth, Flarchheim: 33 Mi., 58 li., 71 li.; Shutterstock: 3 li., 6 o.re., 11 re., 17, 20/21, 26 li.; Martin Staffler, Stuttgart: 25, 45 (alle 3), 46; Friedrich Strauss, Au-Seysdorf: 10, 16, 73 li.

Mit 8 Illustrationen von
Joachim Erfkamp, Detmold: 27, 48 (beide), 49; Folko Kullmann, Stuttgart: 13 (alle vier).

## *Impressum*

Umschlaggestaltung von Gramisci Editorialdesign, München unter Verwendung eines Farbfotos von Flora Press/Botanical Images/Maria Mosolova (Umschlagvorderseite) und eines Farbfotos von Shutterstock/ Potapov Alexander (Umschlagrückseite: Phalaenopsis).

Mit 117 Farbfotos und 8 Farbzeichnungen.

> Alle Angaben in diesem Buch sind sorgfältig geprüft und geben den neuesten Wissensstand bei der Veröffentlichung wieder. Da sich das Wissen aber laufend in rascher Folge weiterentwickelt und vergrößert, muss jeder Anwender prüfen, ob die Angaben nicht durch neuere Erkenntnisse überholt sind. Dazu muss er zum Beispiel Beipackzettel zu Dünge-, Pflanzenschutz- bzw. Pflanzenpflegemitteln lesen und genau befolgen sowie Gebrauchsanweisungen und Gesetze beachten. Die Blütenfarben sind sortenabhängig, daher können auch Farben auf dem Markt sein, die im Buch nicht genannt werden. Die Blütezeiten sind ebenfalls sortenabhängig, aber auch klima- und standortabhängig. Die angegebenen Wuchshöhen und -breiten der Pflanzen sind Mittelwerte. Sie können je nach Nährstoffgehalt des Bodens variieren. Verschiedene Sorten können deutlich größer oder auch kleiner wachsen als die Art.

> Es wird empfohlen für die Online-Zusatzangebote WLAN zu verwenden. Das mobile Surfen ohne WLAN kann dazu führen, dass zusätzliche Kosten für die Datennutzung bei Ihrem Mobilfunkanbieter entstehen.

Unser gesamtes lieferbares Programm und viele
weitere Informationen zu unseren Büchern,
Spielen, Experimentierkästen, DVDs, Autoren und
Aktivitäten finden Sie unter **kosmos.de**

Gedruckt auf chlorfrei gebleichtem Papier

© 2013, Franckh-Kosmos Verlags-GmbH & Co. KG, Stuttgart.
Alle Rechte vorbehalten
ISBN 978-3-440-13455-9
Projektleitung: Katrin Friedrichs/Birgit Grimm
Redaktion und Bildredaktion: Katrin Friedrichs/Birgit Grimm
Gestaltungskonzept: Gramisci Editorialdesign, München
Gestaltung und Satz: DOPPELPUNKT, Stuttgart
Produktion: Eva Schmidt
Printed in Italy / Imprimé en Italie